ESSAI

DE

CATÉCHISME

SOCIALISTE

PAR

JULES GUESDE

Rédacteur en Chef de l'Égalité de Paris.

BRUXELLES

LIBRAIRIE SOCIALISTE DE HENRI KISTEMAECKERS

65, BOULEVARD DU NORD, 65.

1878.

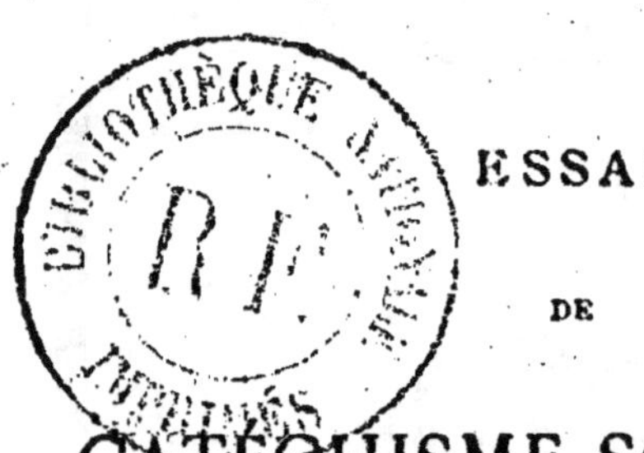

ESSAI

DE

CATÉCHISME SOCIALISTE.

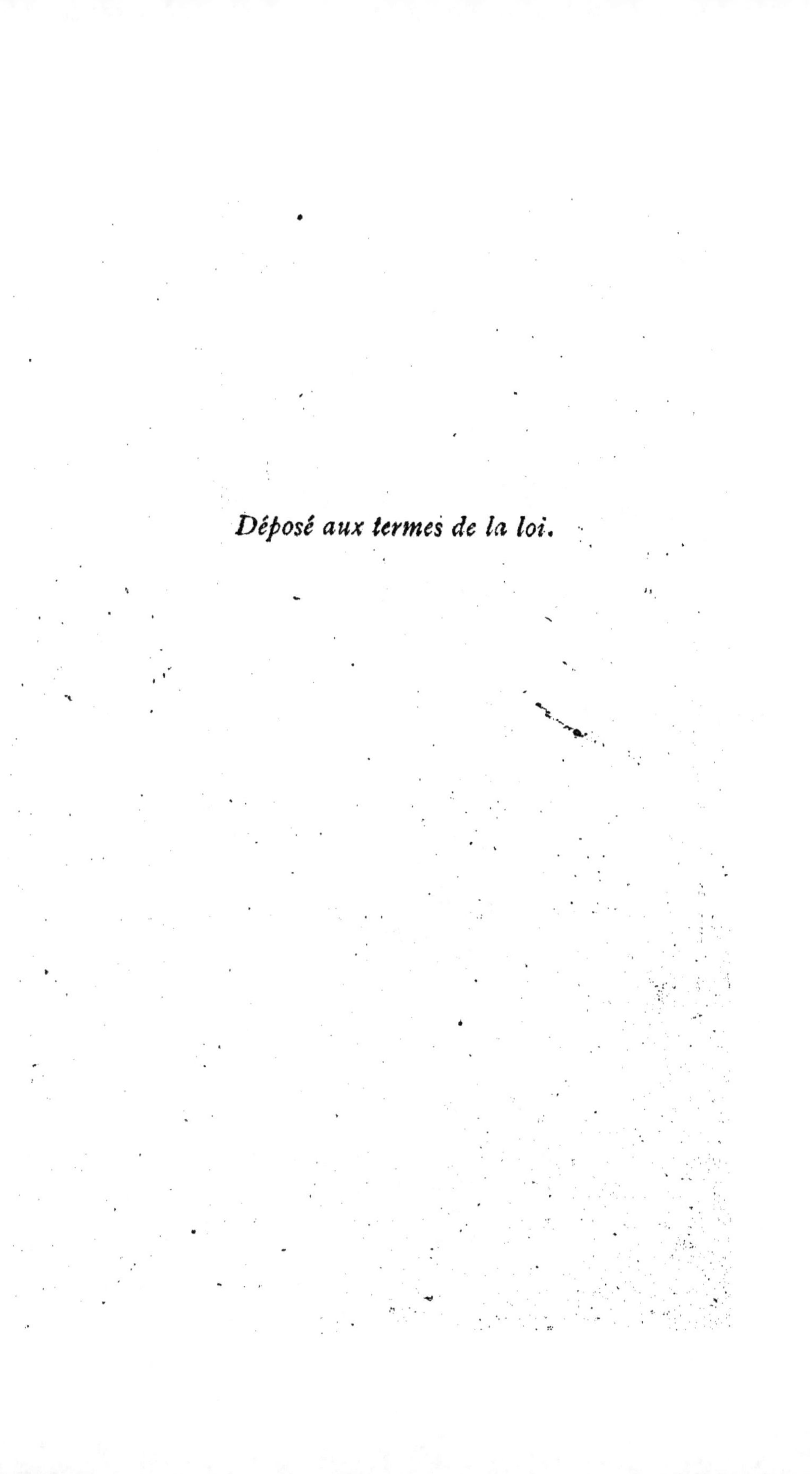

Déposé aux termes de la loi.

ESSAI

DE

CATÉCHISME

SOCIALISTE

PAR

JULES GUESDE

Rédacteur en Chef de l'*Égalité* de Paris.

BRUXELLES

LIBRAIRIE SOCIALISTE DE HENRI KISTEMAECKERS

60, BOULEVARD DU NORD, 60

1878.

BRUXELLES. — IMP. A. LEFÈVRE, 9, RUE St-PIERRE.

« En dépit des persécutions, le socialisme est
resté. Il n'a succombé à rien de ce qui tue, maté-
riellement ou moralement. Il est invincible ; car
c'est la vie nouvelle qui vient remplacer la vie
caduque ; c'est l'ébauche du développement
nécessaire de la vie humaine.

» Le socialisme a résisté non seulement à ses
ennemis, mais à lui-même. Bien des idées
fausses ont été rejetées, des données sérieuses
acquises. Il a passé des rêves de l'enfance à une
expérience chèrement payée, à une phase d'études
sincères. Il persiste ; et, malgré les obstacles
apportés à son expansion, la puissance que cette

persistance atteste pénètre tous les esprits. Ceux qui l'ont autrefois raillé ou honni éprouvent maintenant à l'aspect de ce mystérieux colosse une crainte respectueuse. On commence à faire du socialisme sans le savoir, et, si acharnés politiciens soient-ils, les hommes d'Etat sentent bien qu'il y a là quelque chose avec quoi il faut compter.

» De là, ces alternatives de concessions n'em-rentes et de répressions implacables, qui appêcheront pas l'humanité, après une transformation sociale devenue inévitable, d'entrer dans la phase de civilisation supérieure, où il n'y aura plus ni misère, ni servitude, ni ignorance populaire.

» Car le socialisme est le dernier mot de la Révolution, par la *réalisation* des principes *écrits*, si vainement proclamés depuis près d'un siècle; l'incarnation dans les faits sociaux de cette *liberté*, de cette *égalité*, de cette *fraternité*, restées jusqu'ici à l'état d'abstractions et si étrangement accouplées à la continuation de l'état monarchique en toutes choses, dans la famille, dans le gouvernement, dans les rapports sociaux. Il est surtout, et c'est là sa force, l'accomplissement de l'immense besoin, rendu plus urgent par les conséquences de la grande industrie, qui pousse vers la justice sociale les opprimés de tout ordre, les généreux de toute classe et les peuples de toute nationalité.

» Cependant, tandis que le socialisme devient de plus en plus généralisateur, et passe à l'état de philosophie scientifique et expérimentale, ses manifestations restent particulières à tel pays, ou à telle théorie; diverses écoles échangent de

violentes polémiques ; les forces restent épar-
pillées, et nul organe, du moins en langue fran-
çaise, la plus répandue en Europe, ne s'adresse
à ce nombreux parti socialiste qui n'a d'autre
programme que la réalisation de la justice, dans
l'égalité et dans la liberté, et qui, tout en croyant
à l'excellence, à la vérité de ce but, n'en croit
pas moins la recherche utile et le progrès nécessaire. »

.   .   .   .

Les lignes qui précèdent sont tirées d'un
prospectus par lequel la Rédaction du « Socialisme Progressif » annonce au public la
prochaine apparition de cette Revue. Nous
avons cru devoir les reproduire ici, parce que
nous adhérons entièrement à ce qui s'y trouve
énoncé. Convaincu de notre côté que la propagande socialiste éprouve de plus en plus
le besoin de s'affirmer en face de l'insolence
de la Réaction, et que cette propagande devra
surtout se faire sous forme de livres et d'écrits
périodiques, nous avons décidé de créer une
Petite Bibliothèque socialiste, que nous inau-
gurons aujourd'hui.

Le premier volume de cette collection
est, et devait être un *Catéchisme socialiste,*

un Manuel à la portée de tous, et où tous puissent trouver l'énoncé des premières réformes qui doivent guider à la Régénération de la société de l'avenir. C'est ce livre que nous avons demandé à un vétéran de la cause socialiste, au citoyen Jules Guesde, qui a répondu à notre appel avec empressement. Lecteur, à vous la tâche de faire vivre notre Petite Bibliothèque socialiste. à vous de la recommander à vos connaissances et amis. Forts de votre appui, nous défions la Réaction tout entière, et nous nous rions de ceux que la haine poussera à vouloir entraver notre propagande révolutionnaire !

L'ÉDITEUR.

LE
CATÉCHISME DU SOCIALISTE

CHAPITRE Ier

DE L'HOMME

Demande. — Qu'est-ce que l'homme ?

Réponse. — L'homme est le dernier terme de la série animale. Comme tous les autres animaux, il est composé de besoins qu'il tend à satisfaire de plus en plus complétement et de facultés que, pour la satisfaction de plus en plus complète de ses besoins, il tend à développer de plus en plus complétement (1). Cette double tendance, qui constitue ce qu'on appelle selon le cas PERFECTIBILITÉ OU PROGRÈS, ne lui est pas particulière, comme on l'a cru longtemps, mais existe chez lui à un degré supérieur.

D. — L'homme ne se distingue-t-il que par une plus grande perfectibilité ?

R. — Non, il existe entre l'homme et les autres espèces animales des différences essentielles.

D. — Quelles sont ces différences ?

R. — 1° L'homme ne peut être homme, c'est-à-dire remplir la loi de sa nature éminemment progressive que sous l'action, avec l'aide de ses semblables, dans leur société. Isolé, individuellement, il ne lui est pas possible de satisfaire ses besoins et de développer

----

(1) On voit dès lors l'erreur de ceux qui voudraient faire une distinction entre nos besoins, les diviser en légitimes et en illégitimes, et refuser à ceux-ci la satisfaction qu'ils accordent à ceux-là. C'est pour satisfaire de plus en plus complétement nos besoins que nous développons de plus en plus complétement nos facultés. Les besoins constituent autant de mobiles de l'activité humaine. Les restreindre, ce serait restreindre dans une mesure correspondante cette activité, mutiler l'homme sous prétexte de le perfectionner, et, sous prétexte de réaliser un ordre moral supérieur, détruire en réalité l'ordre moral qui résulte naturellement et ne peut résulter que de l'égal développement ou de l'équilibre de l'intégralité des facultés en soi et en autrui.

ses facultés AU DELA D'UNE LIMITE TRÈS
RESTREINTE. Dépossédé de la parole, qui n'a
aucune raison, aucun moyen de sortir du
cri, il n'est pas même prouvé qu'il prenne la
position verticale. Quelque activité d'autre
part que développe chez lui le besoin, ses
seules forces ne lui permettent pas d'autre
habitation que les grottes naturelles, d'autre
vêtement que le feuillage adamique ou la
peau de bête de l'âge de pierre. C'est le
plus misérable des animaux. Les autres individus des autres espèces, au contraire, ne sont
pas diminués par l'isolement, qui, loin de
nuire à la satisfaction de leurs besoins, la
rend plus complète et plus facile. Et de même
qu'il leur est possible de pourvoir à toutes
les exigences de leur organisme sans le
concours de leurs congénères, ils peuvent
atteindre leur maximum de développement
individuellement, sous le seul empire de la
nécessité. L'état social ou collectif, en un
mot, est l'état naturel, nécessaire et consti-
tutif de l'espèce humaine, comme l'état individuel est l'état normal des autres espèces.

2° L'antagonisme d'intérêt qui domine les
individus des autres espèces, les oppose directement et fatalement les uns aux autres dans
la satisfaction de leurs besoins, et ne leur

permet de se conserver et de se développer
qu'au détriment les uns des autres, n'existe
pas, au moins avec son caractère de nécessité,
dans l'espèce humaine, entre les membres de
laquelle il y a, il peut y avoir harmonie,
communauté, solidarité d'intérêt. Étant donné
par exemple un certain nombre de bœufs ou
de moutons sur une certaine étendue de
prairie, il est certain que l'intérêt de chacun
de ces moutons ou de ces bœufs sera en opposition avec l'intérêt de ses compagnons de
pâture, que l'herbe dévorée par chacun d'eux
sera enlevée à la faim présente ou à venir
des autres, qui en seront d'autant plus
pauvres. Étant donné d'autre part un chiffre
d'hommes sur un espace limité du sol terrestre,
chacun de ces hommes ne satisfera pas nécessairement ses besoins au détriment de ceux
de ses compagnons. Il se peut, l'expérience
démontre, que chacun d'eux sera plus riche,
mieux nourri, mieux vêtu, mieux logé qu'un
homme qui aurait eu la possession isolée de
cette même étendue de terrain, ou d'une
étendue double, triple.

D. — Pourquoi la perfectibilité est-elle
plus grande chez l'homme que chez l'animal ?

R. — Parce que l'homme ayant la possibilité de diriger les forces de la nature de façon à lui faire produire les objets qui lui manquent, aucune limite n'est imposée à la satisfaction de plus en plus complète de ses besoins, et par suite au développement de plus en plus complet de ses facultés. Pendant que l'animal est limité dans la satisfaction de plus en plus complète de ses besoins, par la quantité des produits existant naturellement, et dans le développement de plus en plus complet de ses facultés par le maximum de satisfaction fixée à ses besoins.

D. — Pourquoi l'état social ou collectif est-il l'état normal de l'homme, et l'état individuel celui de l'animal ?

R. — Parce que l'animal n'ayant pour satisfaire ses besoins que ce qui lui est fourni spontanément par la nature extérieure, et toute son activité se bornant à récolter, aucune combinaison d'efforts ne se trouve pour cela indispensable; l'action individuelle suffit. Tandis que, pour suppléer à l'insuffisance des produits naturels, l'homme étant capable d'appliquer son activité à la production des choses nécessaires à sa conservation et à son développement, ce travail exige la réunion, l'association des efforts individuels, l'action commune.

D. — Pourquoi l'antagonisme qui règne fatalement chez l'animal entre les membres d'une même espèce, fait-il, peut-il faire place chez l'homme à l'harmonie, à la communauté, à la solidarité des intérêts ?

R. — Parce que l'animal consomme sans produire, c'est-à-dire sans accroître, ni même renouveler la somme des objets nécessaires à la satisfaction de ses besoins et que, le champ de la consommation se trouvant ainsi limité, moins sont nombreux les individus qui y ont accès et plus la part de chacun est considérable, plus ils sont nombreux et plus la part de chacun est restreinte. De cet état de choses, de l'impossibilité pour l'individualité animale de satisfaire ses besoins sans réduire la somme des objets nécessaires à la satisfaction des besoins des autres individualités de même espèce, naît la fatalité de la concurrence vitale, de la lutte pour l'existence, non pas seulement EXTÉRIEURE, c'est-à-dire entre l'espèce et tout ce qui n'est pas elle, mais INTÉRIEURE, dans le sein même de l'espèce, entre les individus qui la composent. La consommation exclusive fait de l'animal l'ennemi

de son semblable : ANIMAL ANIMALI LUPUS !
L'homme, au contraire, est à la fois consom-
mateur et producteur, c'est-à-dire qu'il peut
satisfaire ses besoins sans réduire la somme
des objets nécessaires à la satisfaction des
besoins de ses semblables en reproduisant
par le travail ce qu'il a pu consommer; il est
même susceptible de produire plus qu'il ne
consomme. Et, comme cet excédant de la
production sur la consommation augmente
d'autant plus et d'autant plus vite que le travail est moins individuel, plus coopératif ou
combiné, c'est-à-dire que l'accord, l'entente,
la coopération est plus complète dans un plus
grand nombre d'hommes (1), l'homme, en

---

(1) Tout le monde connaît l'exemple cité par Adam Smith des 10 ouvriers qui, bien que très pauvres, en associant leur travail, fabriquaient
ensemble plus de 48,000 épingles par jour, pendant que chacun d'eux
travaillant séparément, n'aurait pas fait 20 épingles par jour, « peut-
être pas une seule. » Mais la *division du travail* ou la répartition
entre divers individus ou groupes d'individus des diverses opérations
qu'exige la production de la plupart des produits, n'est qu'une des
formes de la *coopération* en matière de production, qui peut être
simple ou *composée*, et présente dans les deux cas les mêmes immenses
avantages.

La coopération est dite simple lorsqu'il s'agit de l'assistance que se
prêtent plusieurs individus travaillant ensemble à la fabrication d'un
même produit. Et, sous cette forme, en même temps qu'elle rend
faciles certaines opérations, comme l'abattage des arbres dans les
forêts, le sciage des bois, etc, qui seraient presque impossibles à un
homme seul, elle offre cet autre avantage que dans ces opérations et
dans d'autres plus accessibles à l'activité individuelle, le *produit est
proportionnel à l'assistance mutuelle que se prêtent les travailleurs*,
c'est-à-dire, par exemple, que deux hommes travaillant ensemble

tant que travailleur, au lieu d'être un ennemi pour l'homme, se trouve être un auxiliaire plus qu'utile, indispensable : HOMO HOMINI DEUS ! En d'autres termes, le caractère non plus destructif, mais productif de la concurrence vitale, ou de la lutte pour l'existence que l'homme soutient contre tout ce qui n'est pas lui, lui permet de ne pas entrer en concurrence vitale, en lutte pour l'existence avec ses semblables ; et la productivité d'autant plus grande de cette concurrence, de cette lutte avec la nature extérieure que l'espèce

---

feront plus que quatre hommes travaillant séparément et même que quatre fois quatre hommes.

La coopération est dite composée lorsqu'il s'agit de l'assistance mutuelle que se prêtent divers individus ou groupes d'individus travaillant séparément à la production de produits différents qu'ils échangent ou qui entrent comme éléments dans la production d'un produit dernier. Et, sous cette forme, elle a également pour effet de rendre possibles quantités de produits auxquels ne saurait même songer un homme isolé, et d'en rendre la production d'autant plus facile, d'autant p'us abondante que l'assistance mutuelle entre les travailleurs est plus complète. En combien d'opérations distinctes, par exemple, ne se décompose pas la confection d'un habit, qui, si elles avaient dû être accomplies par le même individu, successivement agriculteur, éleveur, tondeur, fileur, tisseur, teinturier, tailleur (pour ne pas parler des autres opérations ayant pour but sa nourriture et son logement, qu'il lui aurait fallu mener de front) auraient à tout jamais empêché l'humanité de se vêtir ! Pendant que, grâce à la répartition de toutes ces opérations entre des milliers et des milliers de travailleurs qui, séparés dans le temps et dans l'espace, *coopèrent* à la confection d'un habit, grâce aux échanges auxquels a donné lieu cette division du travail et qui ont permis aux divers travailleurs de se nourrir, de se loger, etc., non-seulement les vêtements sont devenus possibles à l'homme, mais ils abondent et s'acquièrent, même actuellement, contre quelques journées de travail.

humaine est moins divisée et plus unie, en identifiant l'intérêt individuel et l'intérêt commun, donne lieu à la solidarité.

D. — Ainsi, toutes les différences que nous avons dû signaler entre l'homme et l'animal se résolvent dans la productivité humaine opposée à la destructivité animale ?

R. — Oui, la productivité, le travail est ce qui distingue notre espèce. Sans travail, pas de perfectibilité plus grande; sans travail, pas de société; sans travail, pas de solidarité et par conséquent pas d'homme.

D. — Quelle est la fin de l'homme ?

R. — Le bonheur, qui consiste, pour tout être organisé et pour l'homme, par suite, dans la satisfaction de plus en plus complète de l'intégralité de ses besoins.

D. — Tous les hommes peuvent-ils l'atteindre; ou, comme n'a pas craint de l'affirmer une prétendue science sur la foi d'un prétendu savant, l'impossibilité de faire croître aussi rapidement que l'espèce humaine les moyens de satisfaire ses besoins physiologiques, ne la rendrait-elle cette fin accessible

qu'à un petit nombre, de plus en plus res-
treint ?

R. — Non-seulement tous les hommes
peuvent l'atteindre, mais aucun homme ne
saurait l'atteindre isolément, en ce sens que
ses besoins affectifs et intellectuels ne pouvant
trouver leur satisfaction dans un milieu livré
à une souffrance injustifiable, son bonheur,
limité à la seule satisfaction de ses besoins
physiologiques, serait toujours incomplet.
Et si jusqu'à présent, ce bonheur, même
incomplet, qui résulte de la satisfaction des
besoins physiologiques de l'homme, a été
le partage d'un si petit nombre, ce n'est pas
à l'impossibilité d'égaler la production à la
consommation qu'il faut l'attribuer (1), mais

---

(1) Pour ne pas parler des entraves apportées à la production par l'appropriation du sol, transformé ici en parc ou jardin de plaisance — ou absolument stérilisé ; paralysé ailleurs dans sa virtualité productive par l'intérêt même de ceux qui le possèdent et ne retireraient pas un intérêt suffisant des capitaux qu'exige sa mise en valeur ; presque partout enfin réduit à un rendement dérisoire par les moyens limités de la petite culture, — combien de travaux improductifs destinés à satisfaire aux caprices d'une minorité oisive n'enlèvent-ils pas de bras au travail essentiel, à l'agriculture? C'est à peine si la production du blé, du vin, des objets de première nécessité occupe aujourd'hui de 1/10 à 1/15 de la population. Là est la raison de l'insuffisance, incontestée et incontestable, des subsistances, et nullement dans la soi-disante loi de Malthus d'après laquelle pendant que la population croîtrait dans la proportion géométrique 1, 2, 4, 8, 16. le produit agricole ne pourrait s'augmenter que dans la proportion arithmétique 1, 2, 3, 4, 5.

Malthus, en effet, qui fondait son fameux théorème sur la *prolificence* humaine opposée à la productivité diminuante de la terre ou à ce fait

aux conditions dans lesquelles se sont opérées jusqu'à présent la production et la répartition des produits.

---

que, passé un certain *quantum*, la terre cesse de rendre en proportion du travail ajouté, ne connaissait pas mieux le premier que le second de ces deux termes.

Il se faisait, plus ou moins sincèrement, une idée tellement exagérée de la productivité diminuante de la terre que la seule supposition que le produit agricole de l'Angleterre et de l'Ecosse pût doubler en vingt-cinq ans lui paraissait dépasser les limites de la vraisemblance. Or, non-seulement le produit agricole de la Grande-Bretagne a plus que quadruplé depuis 1793, mais, malgré ce quadruplement, de l'aveu de tous les traités d'agronomie, l'introduction d'une bonne culture à plusieurs assolements dans les parties les plus peuplées de l'Europe, suffirait à donner un produit 9 fois plus considérable que le produit actuel ; et, d'après les mêmes traités, les formes les plus perfectionnées de la culture à plusieurs assolements sont loin de représenter le dernier mot de l'économie rurale.

Il ne se faisait pas une idée moins systématiquement fausse de la *prolificence* humaine lorsque, prenant pour exemple les États-Unis d'Amérique, *sans vouloir tenir compte de l'affluence des émigrants,* il prétendait que la population pouvait doubler en moins de vingt-cinq ans, c'est-à-dire que le taux annuel de la multiplication humaine était de 3 °/₀. Des statistiques les plus incontestables, il résulte en effet que sur les 19,987,846 individus qui composaient en 1850 la population blanche des États-Unis, 12,432,423 provenaient plus ou moins directement de l'émigration, ce qui, en réduisant à 7,555,423 le chiffre atteint en soixante ans par la population libre évaluée à 3,922,827 individus en 1790, donne plus de 50 ans pour le doublement de la population et un taux annuel de multiplication d'à peine 1,38 °/₀ (*Académie des sciences morales et politiques, séance du 28 novembre 1874*). —

Le taux de la productivité diminuante de la terre n'a pas encore été déterminé scientifiquement. Mais ce qui est certain, ce que permettent d'affirmer les données expérimentales de l'agronomie, c'est qu'il est fort au-dessous de ce que voulait l'économiste anglais. Et en fut-il autrement qu'il n'y aurait pas davantage à s'en préoccuper, puisque — Nicolas Tchernichewski l'a surabondamment démontré — le déficit auquel il donnerait lieu avec une population doublant tous les vingt-cinq ans, disparaîtrait devant un progrès de la technique agricole de 9 °/₀ par siècle, — progrès évidemment inférieur à ceux qui ont été réalisés jusqu'à présent et qui pourrait être encore réduit par l'augmentation de la proportion entre les ouvriers agricoles et la population *(voir à l'appendice).*

Le taux de la multiplication humaine n'a pas non plus été déter-

CHAPITRE II

DE L'INDIVIDU

Demande. — Qu'est-ce que l'individu ?

Réponse. — L'individu qu'on a voulu définir « l'homme lui-même considéré isolément », comme si en dehors de la société de ses semblables l'homme pouvait être autre chose que le dernier des animaux, et comme si, isolé dans le temps et l'espace, sans hommes qui l'aient précédé et dont il soit la suite, ce dernier des animaux pouvait même exister, — l'individu est *l'homme considéré dans ses rapports avec ses semblables,* — en comprenant dans ce dernier terme, non-seu-

----

miné. Mais il est certain, les données de la physiologie permettent d'affirmer, qu'il est de beaucoup inférieur au 3 %. annuel si légèrement admis par l'économiste anglais, et que, ne dut-elle pas encore être allongée par l'émancipation de la femme et l'universalisation du bien-être, la période la plus courte du doublement de la population dépasserait toujours trente-cinq ans.

Ce qui, en diminuant encore le déficit à combler par des améliorations dans le système de culture (sous forme d'engrais, de semences, etc.) ou par l'accroissement du nombre des agriculteurs, ne laisse aucun doute non-seulement sur la possibilité de multiplier les subsistances aussi vite que les hommes, mais sur la facilité de les multiplier plus vite que les hommes, et de satisfaire ainsi de plus en plus complétement les besoins physiologiques de l'universalité de l'espèce humaine.

lement les hommes qui composent momentanément l'espèce, mais l'ensemble des hommes passés, présents et futurs ou l'espèce
elle-même.

D. — L'homme individuel a-t-il des
droits ?

R. — Comme homme, l'individu a des
besoins dont la satisfaction est la condition
SINE QUA NON de sa conservation et qui ne
sauraient être satisfaits qu'au moyen des phénomènes et agents de la nature extérieure
ou à l'aide de la terre et de ses produits. —
D'où le droit à l'individu de faire servir la
terre et ses produits aux exigences de son
organisme, — ou *son droit sur les choses.*
L'individu, d'autre part, a des facultés ou
forces qui sont par lui exercées et développées naturellement sous l'empire du besoin
et dont l'exercice et le développement ne
sont pas moins indispensables à sa conservation qu'à la réalisation de ce qui constitue
la fin de l'homme, le bonheur. — D'où le
droit à l'individu d'user de ses facultés, de
disposer de ses forces physiques et morales,
en un mot d'agir, — ou *son droit sur lui-
même.*

D. — Ce double droit de l'individu sur lui-même et sur les choses est-il absolu, sans limite ?

R. — Il le serait si l'individu était, pouvait être cet homme isolé, sorti des masturbations de la métaphysique. Mais comme il n'en est rien, qu'un homme suppose, exige d'autres hommes non-seulement dans le temps mais dans l'espace, les droits de cet homme sont nécessairement limités par les droits des autres hommes.

Le droit de l'individu sur les choses est limité par le droit égal des autres individus nés ou à naître sur les mêmes choses, — ce qui revient à dire qu'il ne saurait être permis à aucun homme de satisfaire ses besoins aux dépens de la satisfaction des besoins d'autrui.

Le droit de l'individu sur lui-même, est limité par le droit égal des autres individus nés ou à naître sur eux-mêmes, — ce qui revient à dire qu'il ne saurait être permis à la liberté d'action de personne de s'exercer au détriment de la liberté de qui que ce soit.

Cette double limite du droit individuel constitue les premiers devoirs de l'individu, devoirs qui, si négatifs qu'ils puissent paraître au premier abord, puisqu'ils se bornent à ne pas nuire à autrui, n'en sont pas moins d'une importance capitale et entraînent avec eux :

1° L'égalité, puisque sans nuire à la satisfaction des besoins d'autrui, personne ne saurait jouir, sur la somme des objets correspondants aux exigences de la nature humaine qui peuvent exister, d'une part plus grande que celles des autres hommes coexistants ;

2° Le travail, puisque, même en ne jouissant que de la part qui lui revient et en n'entravant pas, par suite, la satisfaction des besoins de ses contemporains, l'individu, s'il ne reproduisait pas ce qu'il consomme, se trouverait entraver la satisfaction des besoins de ses successeurs ;

3° Le respect de sa propre personne, tant physique que morale, à laquelle l'individu ne saurait nuire par aucun abus sans nuire en même temps à la liberté d'action de sa descendance.

D. — L'individu a-t-il d'autres devoirs ?

R. — Si, parce qu'il n'a pas avec ses semblables que des rapports de contiguité et de succession, mais encore et surtout des rapports de dépendance..

Aujourd'hui même, malgré la monstrueuse

inégalité qui préside à cette distribution, abandonnée au hasard de la naissance, il n'existe pas un individu qui ne dépende plus ou moins :

1° De l'espèce, représentée par la série des hommes antérieurs, dont il a reçu des moyens de satisfaire ses besoins ou des instruments de production plus nombreux et plus productifs ;

2° De l'espèce, représentée par ses contemporains, dont il a reçu un développement qui, si incomplet qu'il a pu être, n'en est pas moins ce qui l'a sorti de l'animalité et l'a fait homme.

D'où de nouveaux devoirs — essentiellement actifs :

Il a reçu, — donc il doit !

A l'espèce, représentée par ses contemporains, il doit d'être pour ceux-ci un agent de développement, comme à l'espèce représentée par la série de ses successeurs, il doit de laisser un capital matériel et moral plus considérable que celui qui lui a été remis.

Mais, pour que l'individu puisse remplir ces nouveaux devoirs, n'est-il pas d'absolue nécessité qu'il soit pourvu à la satisfaction de ses besoins ou à sa conservation jusqu'à ce qu'il soit en mesure d'y pourvoir lui-même ? N'est-il pas encore évident que plus ses facultés auront été développées, plus il pourra servir d'agent au développement d'autrui et accroître le capital matériel et moral à transmettre ?

D'où de nouveaux droits pour l'individu :

1° Le droit, non plus seulement à la satisfaction de ses besoins par l'application de sa propre activité, mais, jusqu'à ce qu'il soit capable de travail, à la satisfaction de ses besoins au moyen de l'activité d'autrui ;

2° Le droit, non plus seulement au développement de ses facultés dans la mesure très restreinte de son initiative personnelle, mais au développement maximum de ses facultés par le moyen de ses semblables.

D. — La société n'est donc pas pour l'individu seulement restrictive de ses droits ?

R. — Non ; pendant qu'à un certain point de vue elle semble restreindre le droit individuel, la société de l'homme l'étend en réalité considérablement en en faisant le *droit pour chacun au plus complet développement de ses facultés et à l'égale satisfaction de la totalité de ses besoins* au moyen du travail d'autrui d'abord, au moyen de son propre travail ensuite.

CHAPITRE III

DU LIBRE-ARBITRE. — DE LA RESPONSABILITÉ. DU BIEN.

Demande. — Qu'entend-on par libre-arbitre ?

Réponse. — La faculté attribuée à l'homme, à l'exclusion de tous les autres êtres organisés, de choisir entre deux ou plusieurs actes offrant une inégale somme d'avantages et de se déterminer pour celui qui lui paraît le moins avantageux ou le plus nuisible.

D. — Le libre-arbitre existe-t-il ?

R. — La réponse à cette question est contenue dans la définition même du libre-arbitre. Non, le libre-arbitre n'existe pas, ne peut pas exister. Tous les actes de l'homme sont soumis à la NÉCESSITÉ DU MIEUX ou de ce qui apparaît comme tel, à laquelle le théisme de Leibnitz était obligé de subordonner même l'action divine.

Soutenir le contraire, c'est prétendre qu'il

puisse y avoir des effets sans cause, des phénomènes sans phénomènes précédents qui
les aient déterminés et dont ils ne sont que
la suite ou la transformation; pour ne pas
dire l'équation; c'est contredire la physique
dans sa loi la plus universelle et la plus
incontestable, celle de la pesanteur, et admettre
que le fléau de la balance n'incline pas toujours et nécessairement du côté du plateau
le plus chargé ; c'est être, en un mot, un
imbécile ou un imposteur.

D. — Est-ce à dire que nos actes ne soient
pas volontaires, l'effet de notre volonté ?

R. — En aucune façon, mais la volonté
que l'A PRIORI théologique ou métaphysique
voudrait transformer en LIBERTÉ DE VOULOIR
n'est, n'a jamais été et n'a jamais pu être que
la FACULTÉ DE VOULOIR. C'est le fléau de la
balance essentiellement passif, incapable par
lui-même d'inclinaison, que font fléchir,
comme autant de poids accumulés dans le
même plateau ou opposés les uns aux autres
dans des plateaux différents, nos désirs, nos
craintes, etc. Nos volontés, pour tout dire,
sont motivées, déterminées; elles n'ont rien
d'arbitraire. *Et l'homme n'est pas libre de ne*

pas vouloir ce qui lui paraît le plus avantageux ou le meilleur (1).

D. — Que devient dans ce cas la responsabilité humaine ?

R. — Elle s'évanouit comme un mensonge qu'elle est. L'homme n'étant et ne pouvant être qu'une double résultante, la résultante de son organisme qu'il n'a pas fait et qu'il subit, et la résultante de l'éducation, du milieu, qu'il n'a pas davantage choisi et qu'il subit également; ses actes, d'autre part, n'étant — sauf les déviations et les modifications que peuvent leur imprimer les résistances du milieu particulier dans lequel ils s'accomplissent — que les effets nécessaires de sa constitution physique et morale, il y a autant

---

(1) Ce que l'on peut dire pour continuer la comparaison ci-dessus, c'est que les poids qui agissent sur la volonté et l'inclinent dans un sens plutôt que dans un autre sont plus ou moins nombreux et varient de valeur selon les temps, les lieux, les individus; que, réduits aux seules satisfactions animales et égoïstes — nécessairement déterminantes — chez le sauvage de la Nouvelle-Zélande qui n'a que des besoins égoïstes et animaux, ils se compliquent de satisfactions altruistes et intellectuelles ou morales — de plus en plus déterminantes — chez l'européen du 19ᵐᵉ siècle qui, outre des besoins physiques et personnels, a des besoins intellectuels ou moraux et altruistes — de plus en plus exigeants. — Mais de ce qu'il y a augmentation dans le nombre des poids, de ce qu'il y a interversion dans leur valeur, de ce que même certains poids — autrefois déterminants — puissent cesser d'avoir aucune valeur, il ne s'ensuit pas moins que la volonté, comme le fléau de la balance, fléchit toujours et nécessairement sous le poids le plus fort *relativement* au sujet qui veut.

de sottise et d'injustice à le rendre respon-
sable de ce qu'il a pu faire, à le lui reprocher
ou à l'en louer, qu'à louer la fleur d'embau-
mer et qu'à reprocher au feu de brûler, à
l'eau de mouiller, etc.

D. — A défaut de la science, la conscience
ou ce qu'on appelle ainsi, ne proteste-t-elle
pas contre une pareille conclusion ? L'indignation, par exemple, que nous ressentons
contre certains hommes, à la vue ou au récit
de certains actes, ne peut-elle pas et ne doit-
elle pas être considérée comme une preuve
de la responsabilité humaine ?

R. — Pas plus que le ressentiment mani-
festé par l'enfant contre le meuble auquel il
s'est heurté, la satisfaction qu'il éprouve à
le battre, ne prouvent la responsabilité du
meuble.

Ce qu'il y a de naturel, de vrai, par suite
dans l'impression produite sur nous par le
spectacle d'un acte anti-humain, c'est, d'une
part, l'étonnement : notre esprit, habitué par
l'éducation à d'autres rapports entre les
hommes, est pour ainsi dire blessé par
l'anormalité du fait. La première fois que
notre regard est tombé sur un cul-de-jatte, il
n'a pas été autrement affecté. C'est, d'autre

part, la peur ; nous nous sentons instinctive-
ment menacés par cette violation de la
forme sociale et nous éprouvons le désir, le
besoin de nous en garantir et d'en empêcher
le retour. De là, la répulsion, l'horreur 'que
nous inspire son auteur (et que ne nous
inspire pas le cul-de-jatte) et la satisfaction
avec laquelle nous apprenons qu'il a été
puni, en d'autres termes qu'il n'est plus à
craindre. C'est enfin la pitié pour la victime,
QUI AURAIT PU ÊTRE NOUS.

Mais l'indignation proprement dite est ap-
prise. Elle est le résultat logique de la croyance
absurde dans laquelle nous avons été élevés
que l'homme, qui nous a étonné et effrayé,
était libre d'agir autrement, et disparaîtra
avec une connaissance plus complète de l'organisme humain, comme disparaît avec l'âge
et l'expérience chez l'enfant jusqu'à l'idée de
demander compte aux choses du dommage
qu'il a pu éprouver à leur contact.

J'en dirai autant du remords, qui n'a pas de
sens en dehors du regret de l'action commise
et doit être inconnu à l'homme digne de ce
nom.

Que nous regrettions certains de nos actes,
en ce sens que nous préférerions ne pas les
avoir commis, rien de plus explicable et de

plus juste, sinon de plus utile. Mais là s'arrête la partie humaine, positive du phénomène. Si je constate en effet que j'ai méconnu mon véritable intérêt, que j'ai eu tort, c'est que les influences sous lesquelles j'ai agi sont dissipées; — c'est que les mobiles auxquels j'obéissais ont fait place à d'autres, l'idée de la jouissance qui m'attendait à l'idée des conséquences que cette jouissance épuisée peut ou doit entraîner; — c'est que je sais aujourd'hui ce que je ne savais pas hier; — c'est qu'au *mieux* qui a déterminé ma volonté passée a succédé un autre *mieux* également irrésistible; — c'est que je suis un homme nouveau. Et je ne saurais raisonnablement reprocher au *moi* d'hier de ne pas avoir été le *moi* d'aujourd'hui, à l'homme qui ne savait pas de n'avoir pas agi comme l'homme qui sait, au ventre affamé de n'avoir pas eu les oreilles du ventre assouvi.

D. — Le libre-arbitre et la responsabilité disparus, quelle distinction faites-vous entre un honnête homme et un coquin, entre un Condorcet et un Tropmann?

R. — La distinction que je fais et que tous font entre tout ce qui contribue à la conservation et au développement de l'être humain et tout ce qui leur fait obstacle, entre la plante salutaire que l'on cultive et la plante nuisible que l'on jette au feu, entre l'animal-utile que chacun apprécie et recherche et l'animal dangereux que l'on abat. Avec cette différence cependant en faveur de l'homme dangereux ou nuisible, c'est que, comme il n'est pas une nécessité de la nature humaine, mais un accident, le fait de facultés incomplétement développées, sinon de besoins non satisfaits, il peut donner lieu à précaution, à correction, jamais à suppression.

D. — La conclusion de ce qui précède n'est-elle pas l'abolition immédiate des récompenses accordées aujourd'hui à ce qu'on appelle vertu et mérite, et des châtiments attachés au vice et au crime ?

R. — Nullement. L'espoir de la récompense et la crainte du châtiment étant autant de mobiles (indirects, extérieurs, extrinsèques, il est vrai) au bien, châtiments et récompenses peuvent être maintenus. Ils doivent même l'être dans une certaine mesure et sous une certaine forme jusqu'à ce que, par suite de l'équilibre de ses facultés demandé à leur développement intégral et par suite de l'accord rétabli entre l'intérêt de chacun et l'intérêt de tous au moyen de l'égale satisfaction des besoins de chacun, l'homme, en recherchant son intérêt particulier, se trouve toujours satisfaire l'intérêt général, et l'individu fasse le bien spontanément.

D. — Qu'est-ce que le bien?

R. — Le bien, que les faiseurs de morale de tous les temps n'ont su placer que dans le sacrifice, le sacrifice de soi-même à autrui ou le sacrifice d'autrui à soi-même, *est ce qui est conforme à la nature de l'homme, à l'intérêt de tous et de chacun.* L'utilité générale, qui ne saurait être telle qu'autant qu'elle comprend l'utilité particulière ou individuelle, est le seul CRITÉRIUM des actions humaines, qui sont bonnes ou mauvaises, morales ou immorales, selon qu'elles présentent ou non ce caractère, ou, ce qui revient au même, *selon qu'elles peuvent ou non être généralisées, universalisées, sans nuire ni à l'espèce ni à aucun des individus qui la composent dans l'espace et dans le temps.*

CHAPITRE IV

DE L'ÉDUCATION

Demande. — Qu'est-ce que l'éducation ?

Réponse. — L'éducation est développement et direction. Développer le plus possible l'intégralité des facultés de chaque homme ou, si l'on aime mieux, la totalité de ses forces musculaires et nerveuses, et les diriger vers le bien, c'est-à-dire vers ce qui est le plus utile à chacun et à tous, — elle ne consiste pas en autre chose.

D. — Comment se développent les facultés physiques ou morales ?

R. — Par l'exercice. Exercer un muscle, c'est développer l'activité de ce muscle ; exercer un esprit ou un cerveau, c'est développer l'activité de ce cerveau ou de cet esprit.

D. — Par quoi est déterminé ou provoqué cet exercice des facultés ?

R. — 1° Par les exigences de l'organisme ou les besoins ;

2° Par la satisfaction que trouve l'organisme dans l'exercice même de ses facultés.

C'est la faim, par exemple, qui, encore aujourd'hui, amène l'animal non domestiqué à remuer les muscles de ses jambes, à exercer, à développer ses facultés de locomotion, et la satisfaction éprouvée par lui dans ce premier exercice, dans ce premier développement, s'ajoute, comme un nouveau mobile, au besoin, pour continuer et activer cette éducation essentiellement autonomique. Ce sont également les exigences de son organisme, auxquelles s'est jointe la satisfaction éprouvée par lui dans ce premier exercice, et dans ce premier développement, qui ont amené l'homme, pendant sa longue période d'animalité, à exercer, à développer ses diverses facultés. Et comme ces diverses exigences ne se produisaient et ne se produisent encore aujourd'hui que successivement, que les besoins physiques précèdent de beaucoup les besoins moraux, ce sont ses facultés physiques que l'homme a d'abord exercées et développées, comme ce sont elles qu'il exercerait et développerait les premières encore aujourd'hui, s'il ne s'était pas élevé au rang humain ou social et devait faire individuellement son éducation. Mais il y a longtemps qu'à cette action *naturelle* et *successive* des besoins et de la jouissance attachées à l'exercice, au développement de toute faculté, s'est substituée une action *artificielle* et *simultanée,* qui s'exerce sur chacun de nous par l'initiative et l'intermédiaire de nos semblables et qui, en matière d'exercice et de développement des facultés humaines, constitue l'éducation proprement dite, essentiellement altruiste.

C'est ainsi que ce n'est pas de l'incitation naturelle de la faim, de la soif ou de tout autre besoin physique, que l'homme, que les hommes qui entourent l'enfant attendent l'exercice, le développement de ses facultés, même physiques, mais qu'ils exercent, qu'ils développent son activité musculaire *à priori,* pourrait-on dire, en vue des besoins que, devenu homme, il lui faudra satisfaire personnellement. C'est ainsi surtout que ce n'est pas de l'incitation naturelle des besoins moraux (intellectuels et affectifs ou sympathiques) qui s'éveillent les derniers chez l'homme-individu comme ils se sont éveillés les derniers chez l'homme-espèce, que les hommes qui entourent l'enfant attendent l'exercice, le développement de ses facultés morales, mais qu'ils exercent, qu'ils développent son intelligence et son affectivité dès le principe, en même temps que ses muscles.

D. — Comment l'homme peut-il déterminer, provoquer l'exercice et le développement des facultés physiques et morales chez son semblable ?

R. — De la seule manière dont il lui soit possible d'agir sur l'homme, en créant autant de mobiles à son activité physique et morale, en lui faisant trouver un avantage ou en lui démontrant l'avantage qu'il trouvera à exercer, à développer ses facultés. Les besoins, avons-nous dit, déterminent et provoquent naturellement l'exercice des facultés : augmenter l'intensité des besoins existants, éveiller les besoins qui dorment encore, en créer de nouveaux, — première série de moyens dont l'homme dispose pour l'éducation de son semblable. Tout exercice, tout fonctionnement d'une faculté, avons-nous dit encore, est accompagné d'une jouissance *sui generis* : donner l'idée de cette jouissance à l'enfant qui ne la soupçonne pas, la lui rappeler s'il l'a oubliée ; — autre série de moyens d'éducation, pour ne pas parler des moyens coërcitifs qui, sauf de rares exceptions, deviennent de plus en plus inutiles ou dangereux.

D. — Vous avez dit que la première partie de l'éducation consistait à développer *le plus*

possible l'intégralité des facultés de *chacun ?*
Pourquoi le plus possible ?

R. — Parce que les facultés n'étant que
des forces, plus elles seront développées et
plus l'individu et la collectivité dont il fait
partie auront de facilités, de moyens de satisfaire leurs besoins.

D. — Pourquoi l'intégralité des facultés ?

R. — Pour la même raison, parce que
toute faculté ou force non développée équi-
vaut à une perte sèche pour l'individu et pour
la collectivité, diminués d'autant ; et pour une
autre raison, plus décisive encore s'il est possible : parce que du seul développement paral-
lèle, égal de toutes les facultés tant de l'ordre
physique que de l'ordre moral, peut résulter
cet équilibre intérieur entre les diverses forces
individuelles, ce contrôle des unes par les
autres qui est la première et la plus puis-
sante direction qui puisse leur être imprimée
vers le bien. Sans un développement correspondant, proportionnel des différentes forces
humaines, il y aura nécessairement abus de
l'activité musculaire, intellectuelle ou affective, développée à l'exclusion dès deux autres
et laissée, par suite, sans contrepoids ; et

de ces abus, qui éclatent à toutes les pages de l'histoire (1), l'individu ne souffrira pas moins que la collectivité.

D. — Pourquoi de chacun ?

R. — Pour deux raisons du même genre :

1° Parce que tout individu dont les facultés ou les forces ne sont pas développées représente pour la collectivité — et pour chacun des individus qui la composent — autant de facilités, de moyens de moins pour satisfaire ses besoins ;

2° Parce que l'équilibre intérieur, établi entre les facultés individuelles au moyen de leur développement simultané et intégral, se trouverait rompu extérieurement si l'activité musculaire, intellectuelle et affective de chacun ne trouvait pas un contrepoids dans l'activité affective, intellectuelle et

---

(1) Et comment en aurait-il été autrement ? Il y a une échelle, une succession nécessaire dans les besoins, comme nous l'avons dit plus haut, les premiers à s'éveiller, les plus immédiats et les plus impérieux à la fois, ceux qu'il fallait satisfaire sous peine de mort, étaient les besoins physiques, la faim, la soif, qui ne stimulaient que l'activité musculaire. Ce n'est qu'après que la vie matérielle, organique, a été assurée et dans la mesure où elle était assurée, que les besoins moraux, le besoin de savoir, le besoin d'aimer, ont pu s'éveiller et provoquer le développement de l'activité intellectuelle et affective. Or, la force musculaire non contrôlée ou contenue par la raison ou le sentiment ne pouvait pas ne pas s'exercer au détriment de chacun et de tous, aboutir à la guerre sous toutes ses formes.

musculaire de tous également développée, et que la porte serait de nouveau ouverte aux abus et aux désordres, non moins contraires à l'utilité générale qu'à l'utilité particulière (1).

D. — En dehors de cet équilibre intérieur et extérieur résultant de leur égal développement en chacun et en tous, comment les facultés humaines peuvent-elles être dirigées vers le bien, — ce qui constitue la seconde partie de l'éducation ?

R. — Par la connaissance du bien, que donnent :

1° L'expérience personnelle ;

2° L'expérience accumulée des générations successives ou la science.

Tout organisme recherche naturellement ce qui lui est utile ou lui paraît tel, et si ce qui paraît utile à l'individu l'était réellement et toujours, les facultés de chacun, une fois

---

(1) Ce développement inégal des forces musculaires chez les individus de même groupe, a amené historiquement la domination des plus forts ou des guerriers ; comme le développement inégal des intelligences a amené la domination des plus intelligents ou des prêtres. Il n'est pas difficile de s'imaginer d'autre part à quel danger ne serait pas exposée la fraction d'un groupe chez laquelle l'affectivité serait développée sans un développement équivalent de l'affectivité de l'autre fraction du même groupe.

développées et équilibrées, n'auraient pas
besoin d'être guidées ou dirigées : elles
iraient d'elles-mêmes et toujours à l'utile,
au bien. Mais il n'en est rien ; l'apparence
est souvent trompeuse, et le fait seul, les
conséquences du fait, c'est-à-dire de l'application des facultés, peuvent établir que ce qui
paraissait utile était réellement tel et doit
continuer à être recherché. C'est l'expérience
personnelle, la seule que connaisse l'animal,
et qui en matière de direction des facultés
constitue l'éducation naturelle.

Mais, outre qu'elle ne saurait enseigner que
lentement, pas à pas, à l'individu la direction
à imprimer à ses facultés, comme elle est
limitée dans le temps et dans l'espace, l'expérience personnelle ne saurait lui apprendre
que ce qui lui est utile momentanément, et
en partie, en très petite partie. Par elle il peut
finir par savoir qu'il est bien, qu'il lui est
utile d'appliquer ses facultés affectives au
petit nombre de ceux qui l'entourent immé-
diatement de leurs soins, dont les services
sont visibles, tangibles, de tous les instants ;
ou qu'il est bien, qu'il lui est utile d'appliquer
ses facultés musculaires ou intellectuelles à
la production des choses nécessaires à la
satisfaction de ses besoins — dans la limite

de ses besoins. Mais qu'il soit bien, qu'il lui soit utile d'étendre indifféremment le cercle de son amour pour ses semblables et d'y faire entrer l'humanité tout entière qui vit en lui, et dans laquelle et de laquelle il vit, tout en ne s'en rendant pas compte directement, ou qu'il soit bien, qu'il lui soit utile de produire plus qu'il ne consomme parce que, de même que le progrès n'a été possible dans le passé que par un excédant de la production sur la consommation, le progrès dans le présent et dans l'avenir ne saurait s'accomplir qu'autant que la production continuera à excéder la consommation et que le capital de notre espèce ira augmentant, — c'est ce qu'il ne saurait obtenir de sa propre expérience et ce que peut seule lui apprendre l'expérience additionnée de ses semblables dans le temps et dans l'espace ou la science.

La détermination du véritable objet de l'activité humaine ou la connaissance du bien, de ce qui est utile à l'individu et à l'espèce, est le fait de la science qui est et doit devenir de plus en plus le souverain maître de l'éducation humaine, en tant que direction des facultés.

D. — Suffit-il que l'homme connaisse le

bien pour qu'il y applique ses facultés inté-
gralement développées ?

R. — Non, il faut encore qu'il ait intérêt
à appliquer ses facultés au bien, c'est-à-dire
que ce que l'expérience collective ou la science
lui a démontré théoriquement être le plus utile
à lui-même et à l'espèce, soit réellement ce
qui lui est le plus utile à lui-même. Il faut,
en d'autres termes, que le milieu dans lequel
se meut l'individu soit tel que ce qui est le
plus utile à tous soit également ce qui est
le plus utile à chacun ; sinon, si la société
mettait en opposition l'intérêt collectif et
l'intérêt individuel, tout le fruit de l'éducation serait perdu (1).

---

(1) Pour mieux me faire comprendre je prendrai un exemple, un
voleur ou un assassin de l'heure présente. Evidemment, pour tous
ceux qui ne se payent pas de mots et qui savent que les volontés, les
actions humaines sont déterminées, motivées, si cet homme vole ou tue,
cela vous dit qu'étant données ses conditions organiques (l'état de ses
facultés) et les conditions extérieures (la société) il a intérêt à voler ou à
tuer. En développant toutes ses facultés, les facultés affectives et les
facultés intellectuelles comme les facultés physiques, et en les dirigeant
à l'aide de la science vers ce qui est le plus utile à lui-même et aux
autres, l'éducation telle que je viens de la définir le détournera bien
du vol et du meurtre, en opposition avec sa sensibilité et avec la per-
ception qu'il a que le vol ou le meurtre, si utiles qu'ils puissent lui
paraître momentanément, ne le sont pas réellement et se retourneront
contre lui. Mais cette modification de ses conditions organiques ne
suffirait pas à l'empêcher de tuer ou de voler, si les conditions extérieures ou sociales sont telles qu'il ne puisse satisfaire ses besoins
physiques sans voler ou sans tuer. Il se peut du moins que les exigences
non satisfaites de son organisme rompent l'équilibre établi dans ses

D. — Qui doit-être chargé de l'éducation ?
Est-ce la famille, est-ce la société ?

R. — Pour répondre à cette question, il
suffit de se rappeler ce qu'est l'éducation et
de se demander qui de la société ou de la
famille a le plus d'intérêt à développer le plus
possible l'intégralité des facultés de l'enfant
et qui a le plus d'expérience ou de science
pour diriger ses facultés vers ce qui est le plus
utile à chacun et à tous.

Or, pour ne pas parler de la famille actuelle,
fondée sur le sacrifice constant et nécessaire
de l'enfant aux besoins et à l'ignorance ou
aux préjugés du père et de la mère, il n'est
pas douteux :

1° Qu'en tant que groupe temporaire,
destiné à se dissoudre du vivant de l'enfant,
la famille, même réformée, aura toujours un
intérêt moindre à développer toutes ses forces
que la société qui ne passe pas et ne saurait

---

facultés par leur égal et complet développement et que, dirigées par
la science vers le bien, ses facultés soient détournées vers le mal.

On ne saurait trop le répéter : l'éducation seule est et sera toujours
insuffisante. Pour qu'elle puisse faire de chacun un homme de bien,
c'est-à-dire un homme utile à lui-même et aux autres, il faut que la
société ne soit pas constituée en opposition avec la science, et qu'elle
permette à tous de satisfaire également l'intégralité de leur besoin
par l'application régulière de l'intégralité de leurs facultés développées
le plus possible.

par suite échapper aux conséquences d'une éducation incomplète ;

2° Que l'expérience ou la science dont disposera la famille, retardera, dans là majeure partie des cas, sur celle de la société, et sera pour les facultés de l'enfant un guide moins éclairé et moins sûr.

CHAPITRE V

DE LA LIBERTÉ

Demande. — Qu'est-ce que la liberté ?

Réponse. — La liberté a été le plus souvent confondue avec le droit, dont elle est complétement distincte, — ainsi qu'on s'en convaincra facilement si de la spéculation on passe à la pratique et si l'on prend des exemples. Je puis, en effet, avoir le droit de marcher et — si je suis cul-de-jatte ou que je me trouve à quelques milliers de mètres au-dessus du niveau de la mer dans la nacelle d'un ballon — ne pas avoir la liberté de marcher. De même que, d'autre part, je puis avoir la liberté de mouvoir mon bras dans toutes les directions — si je ne suis pas infirme et que le milieu s'y prête — sans avoir le droit de le mouvoir dans la direction où il rencontrerait le visage d'un de mes semblables.

Qui dit liberté dit POSSIBILITÉ, PUISSANCE. La liberté de marcher est la possibilité, la puissance de marcher, et consiste :

1° Dans des jambes ;

2º Dans une surface plane et solide sur laquelle je puisse les mouvoir sans obstacles ;

C'est-à-dire dans les MOYENS ORGANIQUES et les MOYENS EXTÉRIEURS de marcher.

Il n'en est pas autrement de la liberté prise dans son acception générale, qui n'est et ne peut être pour chacun que la POSSIBILITÉ, LA PUISSANCE D'ACCOMPLIR SA VOLONTÉ, et consiste — tout être ne pouvant pas ne pas vouloir satisfaire de plus en plus complétement ses besoins — dans les moyens organiques et les moyens extérieurs de satisfaire ses besoins de plus en plus complétement.

D. — Quels sont les moyens organiques à l'aide desquels l'homme peut satisfaire de plus en plus complétement ses besoins ?

R. — Ses facultés physiques et morales de plus en plus développées.

D. — Quels sont les moyens extérieurs à l'aide desquels l'homme peut atteindre le même but ?

R. — La terre et sa productivité de plus en plus adaptées à nos besoins par l'application de plus en plus scientifique de nos

facultés physiques et morales de plus en plus
développées.

D. — Les moyens d'action, organiques et
extérieurs, de l'homme, de chaque homme
variant selon les individus, les époques, la
liberté qu'ils constituent n'a donc rien d'absolu ?

R. — Non. La liberté est relative et varie
à la fois dans le temps et dans l'espace :
Elle n'est pas, aujourd'hui que l'humanité
dispose des machines, de la vapeur, etc., ce
qu'elle était il y a des siècles lorsque notre
espèce ne devait compter que sur ses bras ; et
elle ne sera pas dans cent ans ou dans mille
ce qu'elle est aujourd'hui.
Elle n'est pas, d'autre part, pour l'individu
dont les facultés ont été développées et qui
dispose non-seulement des produits du sol,
mais du sol lui-même, c'est-à-dire de l'instrument de toute production, ce qu'elle est pour
l'individu dont les facultés ont été laissées en
friche et qui manque des moyens extérieurs
de satisfaire le plus élémentairement ses
besoins les plus primordiaux ; on peut même
dire qu'elle n'existe que pour le premier, et
que pour le second, c'est-à-dire pour l'im-

mense majorité ouvrière elle est tout entière
à créer (1).

D. — Quelle est la raison de la variabilité
de-là liberté dans le temps ou de l'inégalité
dans la liberté des générations qui se succè-
dent ?

R. — La nature même de l'homme progressive ou perfectible. Comment l'homme
d'aujourd'hui qui, à l'expérience accumulée
de tous les hommes qui l'ont précédé, ajoute
la sienne propre, pourrait-il ne pas être plus
puissant, c'est-à-dire plus libre que ses pré-

---

(1) C'est ainsi que les diverses libertés ou, plus exactement, fractions
de la liberté qui ont été octroyées, conquises ou proclamées en France
et ailleurs depuis un siècle ne sont telles que pour le petit nombre de
ceux qui étaient et sont en mesure d'en user. Pour la masse des
hommes ce sont de simples droits — et les droits, sans les moyens de
les faire valoir, constituent autant de mensonges.

Mensonge, la liberté individuelle pour qui n'a que le droit de disposer de lui-même et manque des moyens d'exercer ce droit, c'est-à-dire
pour le prolétariat tout entier que l'ignorance et la faim mettent à la
discrétion de la minorité possédante et éclairée !

Mensonge, la liberté de conscience pour qui n'a que le droit d'avoir
une croyance, de la manifester, et manque du développement intellectuel, scientifique sans lequel la conscience c'est-à-dire une convic-
tion raisonnée, positive n'est pas possible !

Mensonge, la liberté de l'industrie pour qui n'a que le droit d'exercer
une industrie et manque du capital, du crédit nécessaire à l'exercice
de toute industrie !

Mensonge, la liberté politique ou électorale pour qui n'a que le droit
de participer par voie de scrutin au gouvernement de la chose publique
et manque de l'indépendance intellectuelle ou économique indispensable pour voter selon ses intérêts particuliers et selon l'intérêt général qu'il ignore ou dont le sacrifice lui est imposé ! etc., etc., etc.

décesseurs ; et comment, à moins d'un cata-
clysme invraisemblable qui, en l'isolant,
empêche l'humanité future de bénéficier des
découvertes de l'humanité passée et présente,
la liberté ou la puissance humaine pourrait-
elle cesser d'aller croissante ?

D. — La variabilité ou l'inégalité de la
liberté dans le temps est donc nécessaire ?

R. — Aussi nécessaire qu'avantageuse.

D. — En est-il de même de la variabilité
de la liberté dans l'espace ? L'inégalité qui
existe actuellement dans la liberté des hommes d'une même génération, d'un même
moment de l'humanité — et qui va jusqu'à
la suppression de toute liberté pour le plus
grand nombre — est-elle avantageuse ?

R. — Ni à l'espèce, que le non-développe-
ment des facultés et la non-satisfaction des
besoins de la majeure partie de ses membres
atteignent dans sa force productrice ; ni même
au petit nombre de ceux qui semblent le plus
favorisés dans ce partage inégal et chez lesquels la trop grande facilité d'accomplir leur
volonté, la surabondance des moyens de
satisfaire leurs besoins entraîne l'abus et la
satiété.

D. — Est-elle nécessaire ?

R. — Nullement. Elle tient à des conditions, pour ne pas dire à des conventions sociales dont la contingence et la mobilité sont attestées par l'histoire.

D. — La variabilité ou l'inégalité de la liberté dans l'espace peut donc disparaître ?

R. — Oui, elle peut disparaître et elle disparaîtra pour faire place à la justice, sous l'effort de ceux qui sont aujourd'hui hors de la liberté et qui ayant le nombre auront la force le jour où ils se seront entendus et associés.

D. — Qu'est-ce que la justice ?

R. — La justice est l'égalité dans la liberté, autrement dit l'égalité des moyens organiques et extérieurs d'action assurée à chacun et à tous.

D. — Comment pourra-t-elle être réalisée, organisée ?

R. — Par l'égal développement de l'intégralité des facultés physiques et morales de chacun et par la mise à la disposition de tous

de la terre et de sa productivité DÉSINDIVI-
DUALISÉES et rendues à la collectivité.

Les moyens organiques et les moyens
extérieurs de satisfaire ses besoins étant ainsi
également assurés à chacun, chacun aura la
même possibilité, la même puissance d'accomplir sa volonté ; et la liberté sera égale,
existera pour tous.

CHAPITRE VI

DE LA PROPRIÉTÉ

Demande. — Qu'est-ce que la propriété ?

Réponse. — La propriété est — d'après le Code civil — *le droit de jouir et de disposer des choses de la manière la plus absolue;* en d'autres termes, le droit d'user et d'abuser. La propriété d'un champ, par exemple, implique le droit de le laisser en friche ou de le convertir en jardin de plaisance, dût le pain manquer dans la localité où il est situé.

D. — La propriété ainsi définie, caractérisée, par ses souteneurs mêmes, malgré les tempéraments qui ont pu et dû être introduits dans la pratique (1) peut-elle se justifier ?

R. — Non. Ni la propriété individuelle, ni la propriété collective même — en entendant par collectivité la somme des hommes existant sur la terre à un moment donné — ne sauraient se justifier.

---

(1) C'est ainsi que la loi qui permet au propriétaire d'un champ de le convertir en jardin de plaisance ou de le laisser en friche, lui défend, en cas de culture, d'en détruire la récolte.

Si l'on divise en effet les choses en instruments de production et en produits consommables, on devra reconnaître :

1° Que, des instruments de travail, le premier, la terre, n'est pas de création individuelle ou collective, mais le fonds commun de l'espèce (1), la condition SINE QUA NON de son existence, — d'où l'impossibilité pour un individu ou pour une collectivité d'en abuser ou d'en user au détriment de l'espèce ; et que les autres, tels que les machines, résultent : A) de la partie de la terre, du fonds commun de l'espèce, fer, bois, etc., qui entre dans leur composition ; B) d'un enchaînement infini d'efforts dans le temps et dans l'espace qui, pour avoir abouti entre certaines mains et à une certaine époque, n'appartiennent en propre ni à ces mains ni à cette époque, —

---

(1) Que la terre ne puisse être appropriée, c'est ce qui résulte de l'argumentation même des partisans de l'appropriation. Que disent-ils ? « qu'il suffit, pour que l'occupation première du sol ait pu conduire à la propriété, que cette occupation ait été juste à son origine, c'est-à-dire que le propriétaire n'ait occupé que ce qu'il avait le droit d'occuper (soit une fraction égale au quotient de la terre par le nombre d'hommes qui l'exploitent), qu'il n'ait spolié personne. » Mais comment cette condition aurait-elle pu être remplie ? Comment la répartition, à un moment donné, de la terre entre ses habitants, aurait-elle pu ne pas être spoliatrice des hommes à venir ? Pour que chacun pût s'approprier une partie du sol sans voler son semblable dans le temps, sinon dans l'espace, il faudrait que le sol existât en quantité infinie. Ce qui a rendu possible *de fait* l'appropriation de la terre, sa limitation, est précisément ce qui l'empêche et l'empêchera toujours d'être appropriée *de droit*.

d'où impossibilité encore pour un individu ou pour une collectivité d'en abuser ou d'en user à son profit exclusif;

2° Que les produits consommables sont dus à des instruments de production qui, on vient de le voir, représentent ou le capital indivis de l'espèce, ou le travail des générations passées, — d'où l'impossibilité qu'ils appartiennent à la génération présente en dehors de ce qui est nécessaire à sa conservation et à son développement, et à chacun des membres composant cette génération, au delà de la limite de ses besoins.

La propriété, dans le sens du Code civil, en tant que droit d'abuser, n'est admissible qu'au bénéfice de l'humanité dans son ensemble, passée, présente et future. Mais alors elle devient illusoire :

1° L'intérêt de l'humanité étant opposé à tout abus ;

2° L'humanité n'ayant jamais l'occasion, le moyen d'agir comme corps, comme total.

La collectivité, ou la somme des individus coexistants, à plus forte raison l'individu, ne saurait être qu'usufruitière. Elle n'a droit qu'à la jouissance, à l'usage des choses, et encore cet usage, cette jouissance sont-ils limités et conditionnés.

L'usufruit est limité, comme il a été dit plus haut, à ce qui est nécessaire à la conservation et au dévelopement de l'usufruitier collectif ou individuel.

L'usufruit est conditionné en ce sens que l'usufruitier doit suppléer par son travail à ce qu'il a consommé, qu'il doit produire plus qu'il ne détruit, qu'il doit laisser en un mot à l'usufruitier à venir un capital social plus considérable que celui qu'il a reçu ou trouvé lui-même.

D. — Pourquoi l'usufruitier collectif ou individuel ne peut-il consommer sans produire ?

R. — Parce que l'espèce, l'humanité ne se conserve qu'en consommant, et que de même que la consommation actuelle n'est possible que par la production passée, la production actuelle peut seule permettre la consommation future.

D. — Pourquoi ne saurait-il consommer autant qu'il produit ou ne produire que l'équivalent de ce qu'il consomme ?

R. — Parce que le développement de l'humanité, qui n'a pu se faire jusqu'à présent que dans la limite de l'excédant de la production sur la consommation ne saurait continuer qu'autant que la production continuera à excéder la consommation.

D. — D'après ce qui précède, l'individu, qui ne saurait déjà « disposer de la manière la plus absolue » des choses qu'il n'a pas faites et dont il n'a que l'usufruit limité et conditionné n'aurait pas davantage le droit de « disposer de la manière la plus absolue » de la PLUS-VALUE que par son travail il a pu donner aux choses ? Il ne saurait par exemple ni détruire inutilement cette PLUS-VALUE ni la transmettre arbitrairement ?

R. — Non, l'individu ne saurait « abuser » de la PLUS-VALUE qu'il a pu donner aux choses ; et même réduite au produit net du travail individuel, la propriété individuelle ne saurait être maintenue. Et cela par la raison qu'il n'y a pas, qu'il ne saurait y avoir de travail proprement individuel et que cette PLUS-VALUE, à l'aide de laquelle quelques-uns essaient de sauver au moins le principe de la propriété (1), n'est qu'en partie, en très

_____

(1) C'est sur la plus-value donnée au sol par l'industrie humaine que la propriété, convaincue de ne pouvoir sortir légitimement de l'occupation terrienne, a tenté de se reconstruire en raisonnant comme

petite partie, l'œuvre de son auteur nominal,
et tend à le devenir de moins en moins.

suit : « Je suis maître, propriétaire de ce que je produis par mon travail et par suite de la plus-value que la partie du sol appropriée par
moi a pu retirer de mon travail ; or, en admettant que cette partie du
sol n'ait pu être légitimement appropriée, sa valeur primitive est si
peu de chose, comparée à la valeur qu'elle a acquise entre mes mains,
qu'elle peut être négligée et que je puis me considérer comme légitime
propriétaire de la partie du sol que j'ai fécondée. »

Autant de mots, autant de sophismes :

1° En admettant que l'individu fût légitimement propriétaire de la
plus-value que par son travail il a pu donner au sol, et en supposant
aussi considérable qu'on le voudra cette plus-value par rapport à la
valeur primitive du sol, il est évident que les droits sur la valeur
acquise ne sauraient jamais s'étendre à la valeur primitive ; — d'où
première impossibilité de l'appropriation du sol.

2° La valeur primitive du sol que néglige si cavalièrement la logique
propriétaire, n'était pas tellement faible qu'elle n'ait fourni les moyens
de vivre au premier occupant et ne puisse par conséquent les fournir
également à tout nouvel individu auquel elle serait livrée ; — d'où
seconde impossibilité de l'appropriation du sol.

3° L'individu ne saurait même être légitimement propriétaire de la
plus-value qu'il a pu donner au sol par son travail, parce que pour
qu'il pût la réclamer comme sienne, il faudrait que son travail en fût
le facteur exclusif. Ce qui n'est pas et ne peut pas être :

En tant qu'activité non appliquée, le travail en effet est improductif,
aussi improductif que la majeure partie des capitaux. Ce n'est qu'en
s'appliquant à une matière première, à un capital quelconque, que
l'activité humaine devient productrice ; — ce qui assure déjà à ce
capital et à cette matière première, de moitié dans la production, une
part, la moitié du produit.

Dans le cas actuel ensuite, lorsqu'il s'agit de la terre, le capital
exceptionnellement est productif isolément, en dehors de l'activité
humaine ; — ce qui, en augmentant l'importance du facteur de la plus-
value qui n'est pas l'activité individuelle, diminue encore d'autant la
part qui revient à l'individu dans la plus-value obtenue.

Provenant en majeure partie du sol, c'est-à-dire du patrimoine
commun et indivis de l'espèce, c'est à l'espèce que doit revenir en
majeure partie la plus-value du sol. Quant à la part de l'activité, du
travail individuel, — en admettant même qu'il pût y avoir un travail
effectivement individuel, — elle serait très largement représentée par
la plus grande somme d'objets consommables que l'individu a retirés
de cette plus-value et consommés.

Elle résulte, en effet, pour ne citer que les facteurs principaux :

1° D'un développement physique que l'individu ne saurait revendiquer comme sien et qu'il doit au travail d'autrui, lequel lui a permis de consommer, c'est-à-dire de vivre, à l'âge où il était encore incapable de produire ;

2° D'une culture intellectuelle qui ne lui appartient pas davantage et dont la raison doit être cherchée en dehors de lui ;

3° De matières premières que le fait d'être à la fois limitées et indispensables oblige de considérer comme le patrimoine commun de l'espèce et sans lesquelles toute production est impossible ;

4° D'instruments de travail proprement dits, outils, machines, etc., d'invention et de fabrication étrangères, etc.

D. — La propriété qui ne saurait se justifier ni par l'occupation ni par le travail, ne pourrait-elle pas surgir d'une nécessité humaine ou sociale ? Ne serait-elle pas, comme quelques-uns l'ont prétendu, indispensable à la production ?

R. — Comment pourrait-elle être nécessaire à la production, lorsque, comme droit d'user et d'abuser, elle permet à l'individu qui peut y avoir intérêt soit de refuser au travail la fraction des instruments de travail qu'il détient, soit de consommer improductivement des produits qu'il serait de l'intérêt de l'espèce de faire servir d'instruments à une nouvelle production ? La propriété — le désir de devenir propriétaire — a pu être, a été et est encore un des mobiles de la production dans une société qui faisait et qui fait encore de la propriété la condition SINE QUA NON de tout bien-être et de toute indépendance ; mais outre que sous cette forme l'intérêt privé n'est susceptible de servir de mobile à la production que pour ceux qui ont l'espérance et les moyens de devenir propriétaires, c'est-à-dire pour la minorité des hommes, l'histoire témoigne que, même dans la limite de cette minorité, la propriété a provoqué l'activité humaine moins souvent à la production qu'à l'assujettissement et à l'exploitation des producteurs.

D. — La propriété ne serait-elle pas la principale, sinon l'unique garantie de la liberté individuelle, ce qu'on a appelé encore le sceau de la personnalité humaine ?

R. — La garantie de la liberté et le sceau

de la personnalité de ceux qui sont propriétaires, et étant donnée la société actuelle,
sans doute. Mais comme les non-propriétaires
constituent et constitueront toujours l'immense majorité de l'espèce, loin d'être tutrice
elle est destructive de la liberté individuelle,
loin d'être le complément de la personne
humaine elle en est la négation.

CHAPITRE VII

DU TRAVAIL

Demande. — Qu'est-ce que le travail ?

Réponse. — Le travail est l'application de l'activité humaine à l'utilisation des phénomènes et agents naturels. Travailler c'est produire, c'est ajouter à la somme des UTILITÉS ou des choses nécessaires à la conservation et au développement de l'homme.

D. — Le travail est-il un châtiment, comme on l'a prétendu ; est-il, en termes plus scientifiques, désagréable, pénible ; répugne-t-il à la nature humaine ?

R. — Comment pourrait-il en être ainsi, lorsque l'activité du cerveau et des muscles, qui constitue le travail, répond à un besoin naturel de ces organes et peut seule permettre à l'homme de satisfaire aux exigences de sa nature ?

Le travail ne devient désagréable, pénible que :

1° Lorsqu'il est le résultat d'une contrainte extérieure ;

2° Lorsqu'il est exagéré, poussé au delà des forces de l'homme; et s'il présente aujourd'hui ce caractère, c'est qu'au lieu d'être réparti également entre tous les membres de la collectivité, il est limité et imposé à une fraction de la collectivité qui doit suppléer par un excès d'activité à l'oisiveté de l'autre fraction.

D. — Tous les hommes doivent donc travailler ?

R. — Oui, chaque homme doit travailler, parce que chaque homme consomme et que toute consommation non accompagnée de production réduisant les ressources de la collectivité, de l'espèce, porte préjudice a la collectivité, à l'espèce.

D. — Quelle est la limite du travail obligatoire pour chacun ?

R. — Sa capacité physique et intellectuelle.

D. — N'y a-t-il pas contradiction, éventualité de contradiction, au moins, entre cette limitation du travail de chacun à sa capacité naturelle et la loi établie au chapitre précédent et d'après laquelle l'individu, réduit au rôle d'usufruitier, ne saurait ni consommer plus qu'il ne produit, ni même ne produire que l'équivalent de ce qu'il consomme ?

R. — Non, l'homme dont les facultés ont été complétement développées et dont les besoins sont complétement satisfaits étant capable de produire plus qu'il ne consomme.

L'enfant, le vieillard, le malade semblent au premier abord démentir ce dernier point ; mais il suffit de se rappeler que l'enfance, la vieillesse, la maladie ne constituent que des MOMENTS de l'individu pour se persuader qu'il n'en est rien.

L'enfant, s'il consomme momentanément sans produire, produira plus tard plus qu'il ne consomme et ne consommera ;

Le vieillard, s'il continue à consommer lorsqu'il a cessé de produire, a produit autrefois plus qu'il n'a consommé et ne consomme ;

Le malade rentre dans le cas du vieillard ou de l'enfant, selon que son excédant de production est devant ou derrière.

D. — Le travail, en tant qu'activité des muscles ou qu'activité du cerveau, ne peut-il pas se diviser en musculaire ou manuel et en cérébral ou intellectuel ?

R. — Oui, mais cette division n'a rien d'absolu, et aucun travail ne saurait être ni exclusivement cérébral, ni exclusivement musculaire, l'action des muscles n'étant pas plus admissible sans l'action du cerveau que l'action du cerveau sans l'action des muscles. Tout travail, en un mot, est à la fois activité musculaire et activité cérébrale, quoique selon les divers genres de production ces deux activités soient combinées dans des proportions différentes.

D. — Le travail intellectuel ou cérébral, c'est-à-dire dans lequel le cerveau joue un rôle plus considérable que les muscles, ne doit-il pas être considéré comme supérieur et procurer à son auteur des avantages plus considérables ?

R. — Pas plus que le travail manuel ou musculaire, c'est-à-dire dans lequel le cerveau joue un rôle moins considérable que les muscles, ne saurait être considéré comme inférieur et donner lieu à des avantages moins considérables.

Le travail, avons-nous dit, est l'application de l'activité humaine à l'utilisation des phénomènes et agents naturels. Or, de même que A = A, l'activité = l'activité, l'utilité =

l'utilité. Donc, tout travail = tout travail. Et de cette égalité des divers travaux résulte nécessairement l'égalité des divers travailleurs, comme de l'égalité des travailleurs et des travaux naît la nécessité de l'égalité des avantages ou de la rémunération procurée par les divers travaux aux divers travailleurs, les rapports entre deux quantités égales — et la rémunération du travail n'est pas autre chose que le rapport entre tout travail (égal) et tout travailleur (égal) — étant nécessairement égaux.

En d'autres termes, tant que l'homme aura un égal besoin d'être nourri, vêtu, logé, instruit, etc., l'égalité des productions ayant pour but la nourriture, le vêtement, le logement, l'instruction, etc., ainsi que l'égalité de la rémunération, ne saurait raisonnablement et justement être mise en question.

D. — N'existe-t-il pas d'autres raisons déterminantes de l'égalité des avantages assurés par les divers travaux aux divers travailleurs ?

R. — Si ; et pour me borner, je citerai :

1° L'égalité des besoins chez les travailleurs de tous genres, en leur qualité d'hom-

mes, c'est-à-dire d'êtres, d'organismes semblables ;

2° Le phénomène économique connu sous
le nom de division du travail et qui consiste,
comme on le sait, en ce que le travail est
d'autant plus productif qu'il est plus divisé
entre un plus grand nombre de travailleurs.
D'où la nécessité, — si l'on veut que l'espèce
humaine continue à bénéficier de ce phénomène, maintienne et pousse à ses dernières
limites la division du travail, — que toutes
les divisions ou branches du travail donnent
droit à la même somme de satisfaction. Sinon
il ne se trouvera personne d'assez sot ou
d'assez oublieux de lui-même pour consentir
à appliquer son activité aux parties de la production les moins rétribuées. Tout le monde
et avec raison voudra se livrer aux travaux les
plus rémunérateurs.

D. — Ne saurait-il se présenter des cas où
cette égalité de la rémunération serait in-
juste ? Par exemple, si dans le même espace de
temps je suis capable de produire plus que mon
voisin ; ou si nous nous trouvons en face du
travail d'un Newton dont le bénéfice s'étendra
aux générations futures, comparé à celui d'un
vigneron ?

R. — Nullement. Si je suis capable de produire plus, cela veut dire que j'ai reçu de la longue suite des hommes dont je descends un organisme supérieur ou que j'ai reçu des hommes qui ont présidé à mon développement intellectuel une instruction supérieure ; et dans aucun des deux cas le produit plus considérable de cette capacité plus grande, de cette supériorité d'instruction ou d'organisme QUE JE DOIS A AUTRUI, ne saurait être réclamé par moi dûment. J'ai reçu plus et je donne plus que celui qui a reçu moins et qui donne moins : c'est dans l'ordre et dans la justice !

Il en est de même de Newton, dont les découvertes, si importantes qu'elles soient, procèdent des découvertes opérées avant lui, par d'autres que lui, sans lesquelles elles n'eussent pas été possibles, et qui n'a pu rendre à ses semblables des services, dont on oppose l'étendue à la limitation des services du vigneron, que par suite des loisirs que lui ont faits ceux de ses semblables, y compris le vigneron, dont les travaux l'ont nourri, vêtu, logé, etc., pendant des années avant qu'il eût rien produit. Si le travail de Newton rapporte plus à la collectivité que le travail du vigneron, Newton doit également plus à la collectivité, — ce qui rétablit l'équilibre et permet au vigneron d'être aussi rétribué que Newton sans que Newton soit volé.

D. — Ne saurait-il se trouver des cas où, si juste qu'elle soit, elle atteigne ou réduise là production, en ce sens qu'un individu doué d'une capacité de travail plus grande soit détourné de produire tout ce dont il est capable par la certitude de ne pas recevoir davantage ?

R. — Pour que l'égalité de la rémunération pût avoir cet effet il faudrait que le profit qu'il retire du travail fût le seul mobile du travailleur et que l'activité humaine ne fût pas déterminée par d'autres causes d'un autre ordre telles que :

La satisfaction que l'on trouve dans le travail même et qui ne saurait être contestée au moins pour les travaux intellectuels, d'art, de science, etc. ;

La satisfaction d'amour-propre que donne la conscience de faire mieux et plus que le voisin ;

La satisfaction que l'on éprouve à être utile à ses semblables, qui provient du développement considérable qu'on atteint chez l'homme par suite de son existence collective ou sociale et par suite du besoin qu'il a de son semblable, les instincts sympathiques ou altruistes en germe chez tous les organismes vivants, et qui deviendra de plus en plus déterminante à mesure que ces instincts seront plus développés par une éducation *ad hoc* et par l'universalisation et l'égalisation du bien-être.

Mais en fût-il autrement, dût-elle limiter la productivité de certaines individualités — exceptionnelles — qu'il n'en faudrait pas moins, dans l'intérêt même de la production, maintenir l'égale rémunération (1), cette

---

(1) L'égale rémunération (pour une égale quantité de travail, bien entendu) paraît au premier abord en opposition avec la formule socialiste bien connue d'après laquelle, le travail nè pouvant se rémunérer équitablement qu'avec son produit, le travailleur aurait droit au produit intégral de son travail. Mais la contradiction — je me plais au moins à le croire — est plus apparente que réelle et tient surtout à une terminologie incorrecte.

Le travail, en effet, ne se réduit pas à la seule activité humaine, mais à cette activité appliquée, associée à ce qu'on désigne par le nom de *capital* (instruments, matières premières); et ce dernier élément ou facteur du travail, aujourd'hui individualisé, qu'il s'agit de faire rentrer dans la collectivité, est *loin d'être toujours égal à lui-même ou aussi efficace dans la même branche de production*. La même quantité d'activité, par exemple, selon qu'elle s'exercera sur telle terre arable ou sur telle autre, sur telle mine ou sur telle autre, aboutira à un rendement ou produit différent. Et si, sous prétexte que le résultat obtenu peut seul donner la mesure de l'activité dépensée, sous prétexte d'assurer à chacun le produit intégral de son activité, on lui attribuait non pas seulement la part qui dans le produit revient à cette activité, mais le produit total dû à la collaboration du capital, — *inégalement productif*, je le répète, — on ne tarderait pas à reconstituer tous les priviléges et toutes les iniquités de la société actuelle.

Il convient donc d'entendre par le droit pour chacun au produit

perte exceptionnelle devant être amplement compensée par le développement que recevra la production de la capacité plus grande de travail résultant pour l'immense majorité des travailleurs de l'égale satisfaction de l'intégralité de leurs besoins (2).

---

intégral de son travail le droit pour chacun au produit intégral de son activité ou au produit du travail, déduction faite de la part qui dans la production revient au capital, collectif. Et dans ce sens la formule en question, loin de contrarier, appuie et confirme l'égale rémunération des divers travaux et des divers travailleurs.

(2) La puissance productive au travail est proportionnelle exactement à la quantité et à la qualité des aliments. De l'aveu très compétent de M. André Sanson, pour que la machine animale qui représente l'organisme humain puisse donner, son maximum de rendement il faudrait une alimentation journalière correspondant à 1,500 grammes de pain, 1 kilogramme de viande et les accessoires obligés en boisson, — soit le double ou le triple de ce que peuvent consommer les travailleurs les plus favorisés d'aujourd'hui.

CHAPITRE VIII

DE LA FAMILLE

Demande. — Qu'est-ce que la famille ?

Réponse. — Il convient de distinguer deux choses dans la famille : sa constitution ou sa forme, et son objet ; le rôle qu'elle remplit, et les moyens à l'aide desquels elle le remplit.

D. — Quel est l'objet de la famille ?

R. — La reproduction de l'espèce. Pas plus, en effet, que le rapprochement momentané, sexuel du mâle et de la femelle, et la fécondation de l'ovule ; la mise au monde de l'enfant ne suffit à la reproduction de l'humanité, qui ne saurait se renouveler qu'autant que, jusqu'à ce qu'il puisse se conserver et se protéger lui-même, le nouvel être trouvera dans la force et l'activité d'autrui la protection et les moyens de pourvoir à ses besoins qu'il a trouvés neuf mois durant dans la matrice maternelle. Cette SECONDE MATRICE que constitue — et que pouvait seul constituer, tant que l'état social a consacré la lutte pour l'existence entre les hommes — l'affection, le dévouement de tous les instants du père et de la mère, est précisément la famille.

D. — La famille n'a-t-elle pas joué un autre rôle ?

R. — Si, elle a été pendant des siècles le seul agent de transmission aux générations nouvelles des progrès réalisés par les générations précédentes. C'est grâce à elle, grâce à la communion qu'elle a maintenue entre l'humanité morte et l'humanité vivante, que chacun des individus successifs qui composent notre espèce a pu, au lieu de recommencer l'œuvre de ses prédécesseurs, la continuer, et, au lieu de marcher dans leurs pas, prendre pour point de départ de ses efforts le résultat des efforts déjà faits. C'est par elle, en un mot, que l'homme a pu accomplir sa loi et devenir de plus en plus homme.

D. — En est-il de même encore aujourd'hui ?

R. — Non, il y a longtemps que la famille a cessé d'être non-seulement l'unique, mais même le principal agent de communication entre les hommes dans le temps et que la transmission de générations en générations des progrès accomplis ne se fait plus FAMI-

LIALEMENT mais socialement, au grand avantage de l'individu qui se trouve ainsi hériter et bénéficier non plus seulement de l'expérience accumulée des individus qui l'ont précédé en ligne directe, mais de l'expérience accumulée et additionnée de la totalité des individus qui ont vécu avant lui.

D. — Quelle a été et quelle est encore la constitution de la famille ?

R. — La famille, tant monogamique que polygamique, a été jusqu'à présent une des formes de la propriété — et non la moins odieuse. Elle a été pour l'homme le droit d'user et d'abuser de la femme, pour le père le droit d'user et d'abuser de l'enfant. Sans remonter à l'époque où la puissance maritale et la puissance paternelle impliquaient le droit de vie et de mort, la femme, aujourd'hui encore, en entrant dans la famille, ne perd-elle pas jusqu'à son nom ? Ne devient-elle pas, sinon une chose qui s'achète (mariage par COEMPTIO) et dont on trafique comme dans la Rome ancienne, au moins un être en sous-ordre, sans volonté légale, sans liberté de sa personne ou de ses biens, empruntant tout, dignité ou déshonneur, bien-être ou misère, à son seigneur et maître ? L'enfant, jusqu'à sa majorité (pour ne pas parler des pays, comme la Russie, où la minorité n'a de terme que dans la mort des parents), pendant toute la période de sa formation, de son développement physique et moral, n'est-il pas une simple MATIÈRE PREMIÈRE que le père, de droit, et la mère, de fait, façonnent à leur guise et qui sortira de leurs mains ce que leurs mains auront pu ou voulu le faire : robuste et heureux de vivre ou usé par un travail exagéré et prématuré, savant ou ignorant, riche ou misérable, etc. ?

D. — Quelle a été à l'origine la cause de cette constitution propriétaire de la famille ?

R. — La supériorité de force du mâle sur la femelle et de l'homme fait sur l'enfant, à un moment de l'humanité où LA FORCE FAISAIT DROIT : et l'intérêt que, dans un pareil milieu, la femme et l'enfant trouvaient à subir cette domination du mari et du père qui, si elle était oppressive intérieurement, dans le sein de la famille, était protectrice extérieurement, contre l'étranger.

D. — Comment s'est-elle maintenue jusqu'à présent dans son esprit, sinon dans sa

forme, malgré les transformations de la norme
sociale dans le sens du droit des faibles ?

R. — Par l'impossibilité absolue et fatale,
dans laquelle se trouve l'enfant de satisfaire
lui-même à ses besoins les plus essentiels et
par l'impossibilité relative et accidentelle dans
laquelle la femme a été mise par l'homme ou
par la société organisée par l'homme et pour
l'homme, de satisfaire elle-même à ses besoins, en suite d'un développement intellectuel incomplet et de sa NON-ADAPTATION au
travail économique.

D. — Doit-elle être conservée ?

R. — Non, l'intérêt de l'espèce, autant
que l'intérêt des éléments qui entrent dans
la composition de la famille, exige que cet
état de choses disparaisse, que la femme
redevienne un être, égal à l'homme auquel il
lui plaît d'associer sa vie et qu'elle doit rendre
père, et que l'enfant redevienne un être, lui
aussi, existant pour lui-même, en attendant
qu'il existe par lui-même, au lieu de n'exister qu'en sous-ordre, pour la famille.

D. — Comment cette transformation
s'opérera-t-elle pour la femme ?

R. — Par son émancipation intellectuelle

et économique, c'est-à-dire lorsque la femme cessera d'être dans la dépendance économique et intellectuelle de l'homme, que le développement de ses facultés, porté au même degré que chez l'homme et la reconstitution de la société sur la base de L'ÉQUIVALENCE DES FONCTIONS, lui permettront de vivre elle aussi de son travail, et que ses rapports avec l'homme seront fondés sur ce qui peut seul sauvegarder, dans les rapports sexuels, la dignité des deux parties, le consentement désintéressé, la satisfaction réciproque ou, en d'autres termes, l'amour.

D. — Comment s'opérera cette transformation pour l'enfant ?

R. — Lorsque sa conservation et son développement, considérés comme d'utilité sociale, seront soustraits à l'arbitraire ou au hasard familial et que les moyens de satisfaire ses besoins et de développer ses facultés lui seront socialement assurés avec, sans et contre la famille au besoin (1).

---

(1) Impossible de laisser là satisfaction des besoins de l'enfant et le développement de ses facultés à la charge de la famille, sans reconstituer l'inégalité physique, morale et économique qu'il s'agit de supprimer, le bien-être qu'introduira dans la famille le travail émancipé, égalisé et devenu, en même temps que l'unique moyen de satisfaire

D. — La famille n'est-elle pas appelée à disparaître, mais seulement à se renouveler dans sa forme ou sa constitution ?

R. — Cette question ne saurait encore être tranchée définitivement. Ce que l'on peut affirmer en revanche, sans crainte d'être démenti par l'événement, c'est que si la famille survit à la disparition de l'ancienne société, ce sera dans les conditions d'égalité pour la femme et de garantie pour l'enfant que je viens d'indiquer. Mais il se peut que, même ainsi réformée, elle ne soit nécessaire que pour un temps, et qu'un jour vienne où elle n'aura plus aucune raison d'être.

Il se peut que — en outre des moyens de conservation et de développement assurés directement par la société à l'enfant — la chaude atmosphère de bienveillance et d'affection développée dans le sein de la collectivité par

---

aux exigences organiques, le moyen d'y satisfaire abondamment, ne pouvant pas empêcher que le père et la mère de cinq ou six enfants ne puissent consacrer à chacun de ces derniers que le cinquième ou le sixième de leur excédant budgétaire, pendant que les moyens de conservation, de développement et d'action d'un fils unique seront cinq ou six fois plus considérables. Le seul point encore en discussion est celui de savoir si ce sera par l'intermédiaire de la famille que la société pourvoira non pas au développement des facultés de l'enfant (ce qui est résolu négativement pour les raisons indiquées au chapitre *De l'Éducation*) mais à la satisfaction de ses besoins, ou si elle devra y pourvoir directement.

l'égalité de bien-être de chacun de ses membres, rende inutile cette SECONDE MATRICE PARTICULIÈRE, que représente l'action familiale, et permette de réduire la famille dans l'espace à la mère et à l'enfant et dans le temps à la période de l'allaitement, et que, d'autre part, les rapports sexuels entre l'homme et la femme, fondés sur l'amour ou la sympathie mutuelle, puissent devenir aussi libres, aussi variables et aussi multiples que les rapports intellectuels ou moraux entre individus du même sexe ou de sexe différent.

CHAPITRE IX

DE L'ÉTAT

Demande. — Qu'est-ce que l'État ?

Réponse. — L'État, qui a pour fonction essentielle, constitutive de régler les rapports des membres du corps social et d'assurer ainsi l'ordre dans la société, est l'organe de la loi.

D. — Comment l'État s'acquitte-t-il de sa fonction ou par qui est faite la loi ?

R. — Par un seul homme, prêtre ou roi, dont la volonté, le bon plaisir sont souverains (1), dans l'État théocratique ou monarchique ; par une minorité également souveraine, dans l'État oligarchique ou aristocratique, et par une minorité encore dans l'État démocratique, où cependant la loi est censée faite par tous. Dans les pays dits de suffrage universel, en effet, ce n'est jamais que la majorité de la population mâle au-dessus d'un

---

(1) Car tel est notre bon plaisir, formule de toutes les lois avant 89.

certain âge, c'est-à-dire une infime minorité du corps social, qui fait prévaloir sa volonté sous le nom de loi, soit directement, soit, le plus souvent, indirectement, par voie de mandataires (1),

D. — D'où il suit que dans l'État le plus démocratique, la loi faite par quelques-uns ne représente toujours que la volonté, le bon plaisir de ces quelques-uns ?

R. — Oui, et ce qui en résulte encore c'est que les rapports de tous ainsi réglés par quelques-uns le sont nécessairement à l'avantage de ces quelques-uns et au détriment de tout ce qui n'est pas eux.

D. — Ne saurait-il en être autrement, ne serait-il pas possible de perfectionner l'organe législatif ou l'État de telle sorte que la loi réellement œuvre de tous représente la volonté et sauvegarde les intérêts de tous ?

R. — Non, car en admettant que le suffrage put être étendu à tous, sans exception de sexe ni d'âge — ce qui constitue une première impossibilité — et en supposant,

---

(1) Le Parlement — c'est-à-dire la majorité des représentants de la minorité de la nation — peut tout faire, sauf un homme d'une femme. (Blakstone.

4

d'autre part, que l'universalité des membres
du corps social fût appelée à régler par un
vote direct les rapports qui devront exister
entre eux, la loi qui sortirait des urnes serait
toujours l'œuvre de la majorité des votants
et ne représenterait jamais que la volonté,
le bon plaisir de cette majorité, dont les intérêts seuls seraient sauvegardés.

D. — En tant que facteur législatif, l'État,
sous toutes ses formes, est donc fatalement
oppressif d'une fraction du corps social ?

R. — Si, la seule loi que puisse donner
l'État est nécessairement oppressive de la
majorité ou de la minorité; et c'est ce qu'à
défaut de raisonnement suffiraient à établir
expérimentalement la fonction additionnelle
et l'organe complémentaire dont l'État légis-
lateur a partout et toujours dû se compliquer.
Partout et toujours, en effet, au règlement
des rapports entre les membres du corps
social ou à la fabrication de la loi, qui était sa
fonction normale, l'État a dû ajouter le main-
tien de ces rapports tels qu'il les avait réglés
ou l'observation, l'exécution de la loi; partout
et toujours d'organe législatif il a du se transformer en organe exécutif, sous la forme admi-
nistration, magistrature, police, armée, etc.,.

Et cette fonction nouvelle a dû être de plus en plus considérée comme la principale, et cet organe nouveau a dû devenir de plus en plus prépondérant, au point de constituer aujourd'hui à peu près tout l'État.

Or, pourquoi cette sortie de l'État hors de ses limites naturelles? Pourquoi l'ordre demandé de plus en plus à l'oreille et à la poigne du mouchard, à la complaisance et à la sévérité du juge, à la baïonnette passive du soldat, etc., si les rapports des membres du corps social avaient été, avaient pu être réglés dans l'égal intérêt de tous, si la loi donnée par l'État ne lésait, pouvait ne léser personne?

D. — L'État, convaincu par sa constitution même de ne pouvoir donner qu'une loi arbitraire, partiale, violatrice des droits et des intérêts de ceux-ci ou de ceux-là, ou, ce qui revient au même, d'être incapable de donner la loi sociale, doit donc être détruit?

R. — Sans aucun doute. Instrument de règne d'un homme ou d'une classe sur les autres hommes ou les autres classes, il ne saurait échapper aux coups de ceux qui poursuivent l'égalité sociale.

D. — Mais peut-il l'être? Est-il possible,

en d'autres termes, de concevoir, d'obtenir
une société sans État?

R. — Assurément. Il suffit pour cela que
la société soit organisée ou réorganisée de
telle sorte que chacun des êtres qui la composent soit également avantagé et ait par suite
un égal intérêt à sa conservation. L'État
devient alors inutile; l'ordre qu'il a pour unique mission de maintenir et qu'il ne maintient
qu'artificiellement et incomplétement, à un
prix de sang et d'argent de plus en plus
énorme, résultant naturellement, nécessairement de l'égale satisfaction des besoins de
tous.

D. — Si fondée sur l'égal intérêt de chacun
de ses membres que soit la société de demain,
elle se trouvera cependant, comme la société
d'aujourd'hui, en face de voies ferrées et de
routes à créer et à entretenir, de ports et de
phares à établir et à améliorer, et de quantité
d'autres services dits publics parce qu'ils ont
pour but direct ou indirect l'intérêt de tous
et qu'ils sont exécutés par le concours direct
ou indirect de tous, dont l'État est actuellement chargé?

R. — Qui le nie? Mais ces services ou travaux publics dont l'État s'est emparé par endroit dans un but de domination et d'exploitation — ce qui a fait dire à quelques socialistes que l'État n'était pas à détruire mais à conquérir et à réformer — lui sont absolument étrangers. Et la preuve en est que les uns, comme les chemins de fer et les mines — dans les pays où l'État s'est occupé des mines et des chemins de fer — ne sont restés qu'un moment entre ses mains d'où ils sont passés à des compagnies particulières ; d'autres, comme les postes et les télégraphes, qu'il administre lui-même, ont été par lui détournés de leur but, et de moyens de communication qu'ils auraient dû être sont devenus entre ses mains des moyens de suspendre, d'entraver les communications entre les membres du corps social.

Les divers services publics dans la société de demain pourront être exécutés selon leur nature par l'universalité des membres de ces groupes producteurs ou par les délégués temporaires d'une partie ou de la totalité de ces groupes, sans donner lieu à aucun État, c'est-à-dire à aucune distinction des membres du corps social en gouvernants et gouvernés, en légiférants et en légiférés, en administrateurs et en administrés. A moins que

par ce vieux terme de l'État, qui a partout et
toujours signifié l'organisation de l'autorité
de l'homme sur l'homme, on ne tienne à
désigner une chose essentiellement nouvelle,
l'organisation de la conservation et du développement de l'homme par l'homme. Mais
— c'est aux socialistes réformateurs de l'État
que je le demande — est-il je ne dis pas
nécessaire, mais prudent de confondre sous
une même dénomination des buts aussi différents que la liberté, le bien-être de tous et
l'exploitation du plus grand nombre par
quelques-uns, poursuivis par des moyens
aussi différents que le libre concours des
volontés et des bras et la coercition en tout
et pour tout ? N'est-ce pas prêter inutilement
le flanc à nos adversaires, pour qui le socialisme ne poursuit pas l'émancipation de l'être
humain dans la personne de chacun des
membres de la collectivité, mais la conquête
du pouvoir au profit d'une minorité ou d'une
majorité d'ambitieux, jaloux de dominer, de
régner, d'exploiter à leur tour ?

CHAPITRE X

DE LA SOCIÉTÉ

Demande. — Qu'est-ce que la société ?

Réponse. — La société est l'ensemble des rapports des hommes entre eux dans l'espace et dans le temps.

D. — Sur quoi repose-t-elle ?

R. — Sur le besoin que les hommes ont les uns des autres pour se conserver et se développer, tant individuellement que collectivement. Dès que notre espèce a émergé de l'animalité, il s'est établi entre ses divers membres des rapports amenés par la difficulté sinon l'impossibilité de satisfaire leurs besoins et de développer leurs facultés isolément, — rapports qui se sont multipliés et modifiés à mesure que l'humanité est devenue plus humaine.

D. — Pourquoi se sont-ils multipliés ?

R. — Parce que, aux premiers besoins de l'humanité naissante, presque exclusivement physiques, se sont ajoutés avec le temps des besoins moraux, intellectuels et affectifs, dont la satisfaction exigeait une communion plus intime entre les hommes ; et parce que la satisfaction des besoins physiques ou la production des objets nécessaires à les satisfaire devenait d'autant plus facile et d'autant plus abondante que l'action commune se substituait davantage à l'action individuelle.

D. — Pourquoi se sont-ils modifiés ?

R. — Parce que l'homme lui-même s'est modifié, et que s'est modifié en conséquence le mobile de ses actes ou son intérêt.

Ce qui, par exemple, pouvait être de l'intérêt de l'homme de la période anthropophagique, c'est-à-dire user de sa force contre son semblable plus faible pour le tuer et le manger, ayant cessé de présenter le même avantage pour l'homme de la période suivante, aux rapports de chasseurs à gibier, de mangeurs à mangés qui constituaient la société primitive, se sont substitués à la longue d'autres rapports, de maître à esclave, lorsque l'homme plus développé a jugé plus utile d'user de sa force contre son semblable plus faible non plus pour le supprimer ou s'en nourrir mais pour le réduire en servitude et l'obliger à travailler pour lui. De même que plus tard encore le travail salarié ayant été reconnu plus avantageux que le travail servile, les rapports de maître à esclave ont fait place aux rapports de capitaliste à prolétaire qui existent à peu près partout aujourd'hui.

D. — Ces derniers rapports, c'est-à-dire de capitaliste à prolétaire ou le *salariat*, répondent-ils à ce que la science actuelle démontre du plus grand intérêt sinon pour quelques hommes-individus au moins pour l'homme-espèce ?

R. — Non. La science établit au contraire que la division des membres de la société en minorité seule développée comme facultés et seule possesseur des instruments de travail ou de production et en majorité aussi inculte que subordonnée dans sa capacité productive au bon plaisir d'autrui, est moins utile, moins productrice d'utilités qu'un état social dans lequel les facultés ou forces de chacun, complétement c'est-à-dire également développées, trouveraient dans les instruments de travail libérés ou désindividualisés la certitude en même temps que la liberté de leur application.

D. — Quel est le but de la société ?

R. — La conservation et le développement de l'être humain, tant collectif qu'individuel.

D. — Que faut-il pour qu'elle remplisse son but ?

R. — Que les rapports établis entre ceux qui la constituent tendent à l'égal développement de l'intégralité des facultés et à l'égale satisfaction de l'intégralité des besoins de chacun ; qu'ils soient fondés, en d'autres termes, sur la justice et la réciprocité.

La justice — comme nous l'avons vu précédemment — est l'égalité dans la liberté.

Il faudrait donc que chacun fût assuré de la même liberté, c'est-à-dire — nous l'avons vu également — des mêmes moyens organiques et des mêmes moyens extérieurs d'action.

Comment ?

De la seule manière dont la chose soit possible, c'est-à-dire :

1° En mettant l'instruction, l'éducation intégrale, aujourd'hui privilége d'un petit nombre, à la portée de chacun ;

2° En faisant des instruments de travail, aujourd'hui monopolisés par quelques-uns, la propriété de tous.

La réciprocité consiste dans le fait de donner autant que l'on reçoit et de recevoir autant que l'on donne.

Il faudrait donc que la même somme de valeurs à échanger, en langage économiste la *même puissance d'achat*, fût garantie à chacun.

Comment ?

Par l'équivalence des fonctions, c'est-à-dire en ne considérant dans les divers produits humains que la quantité de travail ou, ce qui revient au même, de temps qu'ils représentent, la matière première qu'ils renferment et qui ne saurait appartenir exclusivement à personne, ne pouvant entrer en ligne de compte (1).

L'heure de travail s'échangeant contre

____

(1) Qu'on se représente pour un moment l'humanité sous la forme d'un seul homme, disposant de tout ce qui existe sur le globe. Pour cet homme évidemment la valeur des diverses choses dont il a besoin sera déterminée par le plus ou moins de peine, le plus ou moins de temps qu'il lui faut pour se les procurer. Tel fruit, par exemple, qu'il n'a qu'à étendre la main pour cueillir, vaudra moins que tel autre auquel il ne saurait atteindre qu'avec effort. Tel produit qui lui coûtera deux journées de travail vaudra deux fois plus que tel autre produit qui n'exigera qu'une journée, etc., etc.

Or, ce n'est pas parce qu'au lieu d'être représentée par cet homme isolé l'humanité l'est par des centaines de milliers que cette constitution et cette mesure en même temps de la valeur pourraient être modifiées.

Étant donné le retour à l'espèce de la terre et de sa productivité, l'apport d'un chacun se trouvant réduit à son activité, à son travail personnel, il ne saurait y avoir d'échange qu'entre les diverses activités.

l'heure de travail, chacun des membres de la société se trouvera en réalité aussi riche que son voisin; quelle que soit sa spécialité ou son genre de travail, qu'il dépense son activité à nourrir, à habiller, à loger ou à instruire ses semblables, l'homme, chaque homme jouira également de tous les avantages et de tous les progrès de l'humanité.

APPENDICE

De la double progression de Malthus,

> Population,   1, 2, 4, 8, 16
> Produit,   1, 2, 3, 4, 5

il résulte :

Que si l'ouvrier ajouté de la deuxième période augmente le produit de 1, c'est de 1 également que l'augmentent successivement les 2 ouvriers ajoutés de la troisième période, les 4 de la quatrième, les 8 de la cinquième, et ainsi de suite ;

En d'autres termes, que la productivité du travail de chacun des 2 ouvriers ajoutés de la troisième période est réduite à 1/2 de la productivité du travail de l'ouvrier premier, la productivité du travail de chacun des 4 ouvriers de la quatrième, à 1/4, celle de chacun des 8 ouvriers de la cinquième, à 1/8, etc. ;

Ou encore, que la productivité du travail agri-cole diminue suivant la progression dans laquelle augmente le nombre des ouvriers ajoutés.

Or, étant donné ce taux de la productivité diminuante du travail agricole ou de la terre,

Soit une population augmentant de 3 % par an, c'est-à-dire doublant en moins de vingt-cinq ans,

Soit cette population de 1,000,000 d'hommes, dont le dixième occupé aux travaux des champs,

Soit ces 100,000 travailleurs agricoles pro-duisant chacun 10 quintaux de blé, et le 1,000,000 de quintaux, en résultant, suffisant à l'alimentation de la population, ce qui repré-senterait 1 quintal par tête,

Soit, enfin, la proportion restant la même entre la population et le nombre des travailleurs agri-coles,

De combien faudrait-il augmenter la produc-tivité du travail agricole, ou quelle amélioration serait-il nécessaire d'introduire dans le système de culture au bout de la première année pour que la population accrue ne voie pas diminuer ses moyens de subsistance ?

Au commencement de la deuxième année, nous aurons :

> Population,   1,030,000
> Ouvriers,   103,000

Les 100,000 ouvriers de la première année, à

10 quintaux par ouvrier, produiront 1,000,000 de quintaux;

Les 3,000 ouvriers ajoutés de la deuxième année, dont *le travail,* comme nous venons de le voir, *est moins productif dans la proportion de* 100,000 : 103,000, produiront chacun ✕ : 10 :: 100,000 : 103,000, soit 9 quintaux 708 7378 au lieu de 10, soit ensemble 29,126 quintaux 2134.

Ce qui ferait, pour les 103000 ouvriers réunis, 1, 029, 126 quintaux 2134, pendant qu'à raison de 1 quintal par tête l'alimentation des 1,030,000 individus composant la population exigerait 1,030,000 quintaux.

Il faudrait donc pour que l'alimentation ne fût pas diminuée par l'augmentation de la population pendant la première année que la productivité du travail des 100,000 premiers ouvriers fût augmentée dans la proportion du déficit, et pour cela que la productivité du travail de chacun d'eux fût autant au-dessus de 10 quintaux que les 1,030,000 quintaux nécessaires sont au-dessus des 1, 029, 126 quintaux 2134 obtenus, soit

$$\times : 10 :: 1,030,000 : 1,029, 126, 2134$$
$$= \quad 10 \text{ quintaux } 008 \, 4905.$$

En effet, à 10 quintaux 008 4905 par ouvrier les 100,000 ouvriers de la première année produiront 1,000, 849 quintaux 05.

Les 3000 ouvriers de la seconde, dont le travail

est moins productif dans le rapport de 100,000 :
103,000, produiront chacun

$$X : 10,008\ 4905 :: 100,000 : 103,000$$
$$= 9\ 716\ \text{quintaux}\ 98$$

ensemble 29, 150 quintaux 9430.

Ce qui fait, pour les 103,000 ouvriers,
1, 029, 999 quintaux 9430 ou le 1 quintal par
tête nécessaire à l'alimentation de la population.

Une augmentation dans la productivité du travail agricole ou une amélioration dans la techni-
que agricole de $\frac{849}{1,000,000}$ par année, c'est-à-dire de
9 % environ en cent ans; voilà à quoi se réduit
— en admettant l'exactitude du théorème mal-
thusien — le résultat à obtenir pour qu'avec une
population doublant en moins de vingt-cinq et
sans modifier la proportion originelle entre la
population et ceux de ses membres appliqués à
l'agriculture, les subsistances continuent à répondre aux besoins accrus.

Mais ce $\frac{849}{1,000,000}$ par année, qui est fort au-
dessous des progrès réalisés jusqu'à présent dans
le système de culture, peut encore être réduit,
pour peu qu'une partie des bras oisifs ou occupés
à des travaux de luxe et non indispensables,
soient transportés à l'agriculture.

Supposons, en effet, qu'au lieu de rester,
comme nous l'avons admis plus haut, dans la
proportion d' $\frac{1}{10}$ avec la population totale (ce

qui, pour le commencement de la seconde année, donnait 103,000 agriculteurs pour 1,030,000 habitants), le nombre des agriculteurs ait augmenté de $\frac{1}{100}$ et que cette augmentation ne porte que sur les 3,000 agriculteurs nouveaux, nous aurons alors :

Au lieu de 3000 , 3030 agriculteurs nouveaux dont le travail, moins productif que celui des 100,000 premiers dans la proportion de 100000 : 103030 , donnera pour chacun d'eux $\times$: -10 :: 100000 : 103030 , ou 9 quintaux 706008 , et un total de 29,409 quintaux 2042, lesquels ajoutés aux 1,000,000 quintaux des agriculteurs de la première année, feront 1,029,409 quintaux 2042 pour l'alimentation des 1,030,000 individus qui composent la population, au lieu des 1,030,000 quintaux nécessaires.

Le déficit qui, dans la première hypothèse, était de 873 quintaux 7866, n'est plus maintenant que de 590 quintaux 7958, qui disparaîtra devant une augmentation de la productivité des premiers agriculteurs ou d'une amélioration agricole de $\frac{574116}{1,000,000,000}$ par an, soit moins de 6 % par siècle.

En effet, à 10 quintaux 00574116 par homme, les 100,000 agriculteurs de la première année produiront 1,000,574 quintaux 116 ; et les 3,030 agriculteurs de la deuxième, dont le tra-

vail est moins productif dans le rapport de
100000 à 103030 chacun

$\times$: 10 quint. 00574116 :: 100000 : 103030 = 9 quint. 71148

et ensemble 29,425 quintaux 7444.

Ce qui donnera pour les 103,030 agriculteurs

1,000,574 quint. 116 + 29425 quint. 7444 = 1,629,999 quint. 8604

soit le quintal par tête réclamé pour l'alimentation de la population.

Ce transfert à la culture de 30 hommes sur
1,030,000, a suffi à réduire *d'un tiers* les progrès
que devait faire la production agricole pour suffire
à alimenter une population doublant en moins
de vingt-cinq ans !

Et quand on pense que la société actuelle
compte plus de 30 % de ses membres (sans
compter les femmes) occupés à ne rien faire !

TABLE DES MATIÈRES

La *Petite Bibliothèque Socialiste* se composera de volumes in-12, contenant un minimum de 100 et un maximum de 150 pages de texte, imprimés en caractères elzéviriens, sur beau papier de luxe. Elle aura pour collaborateurs les meilleurs écrivains socialistes de l'époque, et son cadre sera accessible à tous les sujets. Nous imprimerons donc l'*Histoire* et le *Roman socialiste*, l'*Économie* et l'*Hygiène sociale*, les œuvres purement *scientifiques* et *théoriques* comme les ouvrages d'*application* et de *pratique*.

Les volumes paraîtront provisoirement à des époques indéterminées et le prix de librairie de chaque exemplaire est invariablement fixé à 1 franc.

Bruxelles. — Imp. A. Lefèvre, 9, rue Saint-Pierre.